Nature's Solutions to Climate Change

Soluciones de la Naturaleza al Cambio Climático

Nature's Solutions to Climate Change

Soluciones de la Naturaleza al Cambio Climático

Cyril F. Kormos | Shyla Raghav | Carlos Manuel Rodríguez
Russell A. Mittermeier | Brendan Mackey | Wes Sechrest

Foreword Brian Niranjan Sheth

Series Editor Cristina Mittermeier

PAGE 1 | PÁGINA 1

Ancient myrtle rainforest | Antiguo bosque de arrayán ▲
Tarkine, Tasmania | Tarkine, Tasmania
ROB BLAKERS

PAGE 2 | PÁGINA 2

Koompassia excelsa ▲
t Menggaris tree or Tualang | Árbol dominante Mengaris o Tualang
Danum Valley, Sabah, Borneo | Valle Danum, Sabah, Borneo
NICK GARBUTT. NATUREPL.COM

PREVIOUS PAGES | PÁGINAS ANTERIORES

Aerial view of rainforest canopy, Iwokrama Reserve, Guyana | ▲
Vista aérea de bosque lluvioso, Reserva Iwokrama, Guyana
PETE OXFORD

Ancient myrtle rainforest | Viejo arrayán del bosque lluvioso ▶
Tarkine, Tasmania | Tarkine, Tasmania
ROB BLAKERS

FOLLOWING PAGES | PÁGINAS SIGUIENTES

Pagothenia borchgrevinki ▼
in the platelet ice | Notothen calvo bajo la capa de hielo antártico
Ross Sea, Antarctica | Mar de Ross, Antártida
JOHN B. WELLER

Contents | Índice

A message from CEMEX | Un mensaje de CEMEX

By focusing on the integral connection between natural ecosystems and climate change, *Nature's Solutions to Climate Change* illustrates the urgent need to harness the potential of natural solutions to mitigate climate change, given the ability of natural ecosystems to capture and store carbon safely over the long term.

As our planet runs out of time to avoid the negative effects of climate change, natural ecosystems are our best chance for getting on track towards pathways that can achieve greater emissions reduction. Natural ecosystems are critically important in three ways: carbon-dense ecosystems store more carbon than in the entire atmosphere, their loss is a significant source of emissions, and restoring them is the best way we can sequester carbon at scale.

To counter hazardous climate change, our planet must maintain the integrity of our natural ecosystems—particularly primary forests, mangroves, and peatlands—that are especially carbon-dense and store substantial amounts of carbon safely. For example, El Carmen Nature Reserve, CEMEX's private 140,000-hectare transboundary conservation area located on the border of Mexico and the United States, has captured approximately 11 million tons of CO_2 emissions over the past 17 years.

Our planet must also ecologically restore degraded ecosystems to increase carbon stocks and achieve significant removal of carbon emissions. Indeed, the combination of protecting undisturbed ecosystems and restoring degraded ecosystems could represent 30% or more of the climate solution.

In this 27th edition of our combined CEMEX Nature and Conservation Book Series, *Nature's Solutions to Climate Change* alerts our global audience of the urgent need to preserve, protect, and ecologically

Utilizando el enfoque integral de la conexión entre los ecosistemas naturales y el cambio climático, *Soluciones de la Naturaleza al Cambio Climático* ilustra la urgente necesidad de recurrir al potencial que tienen los medios naturales para mitigar el cambio climático, dada la capacidad que tienen los ecosistemas naturales para capturar y almacenar carbono de manera segura a largo plazo.

Mientras a nuestro planeta se le acaba el tiempo para sortear los efectos negativos del cambio climático, los ecosistemas naturales son nuestra mejor opción para recuperar el rumbo y reducir las emisiones. Los ecosistemas naturales son cruciales para cambiar el trayecto de tres maneras: los ecosistemas densos en carbono almacenan más CO_2 que la atmósfera entera; la pérdida de éstos es a su vez una fuente importante de emisiones y su restauración es la mejor forma de capturar carbono a gran escala.

Para contrarrestar los peligros del cambio climático, nuestro planeta debe conservar la integridad de los ecosistemas naturales —en especial los bosques primarios, los manglares y pantanos— que son particularmente densos en carbono y que lo almacenan en cantidades sustantivas de manera segura. Así, por ejemplo, la Reserva Natural El Carmen, un área de conservación privada de CEMEX de unas 140,000 hectáreas en la zona fronteriza México-Estados Unidos, en los últimos 17 años ha fijado alrededor de once millones de toneladas de emisiones de CO_2.

Nuestro planeta también debe recuperar los ecosistemas degradados e incrementar la remoción significativa de emisiones de carbono. De hecho, la combinación entre protección a los ecosistemas no perturbados y la rehabilitación de los ecosistemas degradados puede llegar a representar un 30% o más de la solución climática.

restore our natural ecosystems. With global emissions still rising, this volume underscores that we must harness the full potential of natural solutions to successfully prevent climate change.

We have published a new book every year since 1993, blending outstanding photography and informative text to enlighten global stakeholders and reinforce our commitment to promoting a culture of biodiversity conservation.

This year, we are proud to publish this book together with Global Wildlife Conservation, Wild Heritage, and Conservation International. Collectively, their work influences and inspires millions to protect our global environment.

Join us in our effort to avert climate change and raise awareness of the importance of preserving our planet's natural ecosystems.

CEMEX

Con la vigésima séptima edición de nuestra Serie combinada de Libros de Naturaleza y de Conservación *Soluciones de la Naturaleza al Cambio Climático*, estamos alertando a nuestra audiencia global sobre la urgente necesidad de conservar, proteger y ecológicamente rehabilitar nuestros ecosistemas naturales. Con las emisiones globales aún en aumento, el presente volumen hace hincapié en la necesidad que tenemos de valernos de todo el potencial que tienen las soluciones naturales para prevenir el cambio climático de manera efectiva.

Desde 1993, cada año hemos publicado un nuevo libro en el que combinamos extraordinarias obras fotográficas con contenidos informativos para orientar a nuestros asociados a nivel mundial, reforzando con ello nuestro compromiso con el fomento a la cultura de conservación de la biodiversidad.

Este año nos enorgullece publicar el presente volumen en conjunto con Global Wildlife Conservation, Wild Heritage y Conservation International. Su trabajo en colectivo promueve y alienta a millones a la protección de nuestro medio ambiente global.

Únase a nuestro esfuerzo por evitar el cambio climático y a tomar conciencia sobre la importancia de preservar los ecosistemas naturales de nuestro planeta.

CEMEX

PAGES 10-11 | PÁGINAS 10-11

Chamerion latifolium ▲

Dwarf fireweed | Epibolio rosado

m Sound, Alaska, USA | Sonda Príncipe Williams, Alaska, EUA

JON CORNFORTH

PREVIOUS PAGES | PÁGINAS ANTERIORES

Colocasia escuelenta ▲

Taro | Taro

Kauai, Hawaii, USA | Kauai, Hawai, EUA

JON CORNFORTH

Ceiba pentandra ▶

Emergent Kapok tree and rainforest canopy |

Docel tropical de Ceiba predominante

Yasuni National Park, Amazon Rainforest, Ecuador |

Parque Nacional Yasuni, selva amazónica ecuatoriana

PETE OXFORD

Foreword | Prólogo

Brian Niranjan Sheth
Board Chair, Global Wildlife Conservation
Co-Founder & President, Vista Equity Partners

Healthy, undisturbed ecosystems, such as primary or "old growth" forests, store far more carbon than degraded ecosystems of the same type and, uncoincidentally, protect far more plant and animal species. Undisturbed ecosystems store more carbon precisely because they retain all their native biodiversity.

As demonstrated in this book, the implications are profound. Biodiversity and climate change crises are not just related: they are inextricably linked. We will not solve the climate change crisis unless we protect the massive amounts of carbon stored in undisturbed natural ecosystems such as primary forests, grasslands, peatlands, or mangroves, and also restore cleared or degraded ecosystems so that they once again reach their maximum carbon storage capacity. Nor can we prevent species populations from crashing—or prevent extinctions of species—unless we avoid unmitigated climate change. A holistic approach is therefore essential.

Mother Earth knows how to create optimal conditions for life on this planet as everything is connected to everything else: Indigenous Peoples around the world have known this for thousands of years. And it is certainly intuitive that left to its own devices, nature—without being subjected to chainsaws, bulldozers, etc.—will maximize the climate and biodiversity benefits we depend on for survival. But even if arriving late to these realizations, the important thing is that it is not yet too late to act.

By averting both the biodiversity and climate change crises, we can still avoid dangerous warming of the planet and save the diversity of life on Earth. However, addressing these crises (which must be solved together) requires a massive effort. We must urgently transition society to sustainable clean energy and harness the power of ecosystems

Los ecosistemas sanos no perturbados, como los bosques primarios o "maduros", almacenan más carbono que los ecosistemas similares degradados y albergan muchas más especies de plantas y animales. Los ecosistemas no perturbados absorben más carbono precisamente porque conservan toda su biodiversidad originaria.

Las implicaciones de lo anterior son profundas, como se demuestra en el presente libro. La biodiversidad y el cambio climático no solo están relacionados sino que están intrínsecamente ligados. No resolveremos la crisis del cambio climático a menos que protejamos la enorme cantidad de carbono almacenada en los ecosistemas no perturbados, como los bosques primarios, pastizales, pantanos o manglares, y además también restauremos los ecosistemas devastados o degradados para que recuperen su capacidad máxima de almacenamiento anterior. Tampoco podremos prevenir el desplome poblacional de las especies —o su extinción— si eludimos la mitigación del cambio climático. Una visión holística es por tanto fundamental.

La Madre Tierra sabe cómo crear las condiciones óptimas para la vida en el planeta interconectándolo todo: los pueblos originarios del mundo lo han sabido por miles de años. Sin duda, la naturaleza dejada a su albedrío —sin estar sometida a topadoras ni motosierras, etc.—, producirá los beneficios que necesitamos para sobrevivir maximizando el clima y la biodiversidad. Incluso llegando tarde a la comprensión de lo anterior, lo importante es que aún no es demasiado tarde para actuar.

Evitando las crisis de biodiversidad y del cambio climático todavía podemos evitar el peligroso calentamiento del planeta y salvar la diversidad de vida en la Tierra. Sin embargo, solventar estas crisis (debiéndose solucionar ambas) requiere de un esfuerzo enorme. Es urgente

by protecting their vast carbon stocks and their unique ability to draw down carbon out from the atmosphere.

Protecting ecosystems and their full array of plant and animal species requires major changes to how we use our lands and seas. We need to shift to plant-based food systems, reduce food waste, reduce industrial agriculture and focus on integrated, organic crop systems. We need to eliminate destructive, poorly planned infrastructure projects and shift financial incentives; only a small fraction of international funding goes towards conservation, and this amount is dwarfed by subsidies for extractive industries and industrial agriculture. Humans have caused the impending paired disasters of climate change and biodiversity loss, and only humans, with natural solutions as the focus, can reverse the course of our planet. Together, we must unite to save nature and ourselves.

que como sociedad hagamos una transición a energías sustentables y que potenciemos las fortalezas de los ecosistemas, protegiendo sus vastas reservas de carbono y su singular capacidad para absorberlo de la atmósfera.

La protección de los ecosistemas y su gama completa de especies de plantas y animales requiere de un ajuste del uso que le damos al suelo y a los mares. Es necesario un cambio a sistemas de alimentación basados en plantas; reducir el desperdicio de alimentos y la agroindustria, para concentrarnos en sistemas de producción ecológicos integrales. Necesitamos eliminar los proyectos de infraestructura destructivos y mal planeados, y modificar los actuales incentivos económicos, pues solo una pequeña fracción del financiamiento internacional se destina a la conservación, pues terminan siendo insignificantes comparados con los subsidios a la agroindustria y a las actividades extractivas. Los humanos somos la causa del desastre del cambio climático apareado a la pérdida de biodiversidad, y solo los humanos resolviendo con sistemas naturales como paradigma podemos revertir el curso actual de nuestro planeta. Todos debemos unirnos para salvar a la naturaleza y a nosotros mismos.

◄ *Ardea herodias, Recurvirostra americana, Anas Clypeata*
Great blue heron, American avocet, Northern shoveler |
Garza ceniza, avoceta americana y pato cuchara
Xochimilco, Mexico City, Mexico |
Xochimilco, Ciudad de México, México
CLAUDIO CONTRERAS KOOB

FOLLOWING PAGES | PÁGINAS SIGUIENTES
▼ *Panthera leo*
African lion | León africano
Transvaal, South Africa | Transvaal, Sudáfrica
ART WOLFE

PAGES 24-25 | PÁGINAS 24-25
▼ Sequoia National Park, California, USA |
Parque Nacional de las Secuoyas, California, EUA
MICHAEL NICHOLS. NATIONAL GEOGRAPHIC IMAGE COLLECTION

PAGES 26-27 | PÁGINAS 26-27
▼ Svalbard, Norway | Svalbard, Noruega
SANDRA BARTOCHA

Reader's Reference Guide

How are carbon and carbon dioxide different?

Carbon in the atmosphere exists as carbon dioxide (CO_2); hence emissions are expressed as CO_2. In organic matter, such as soil and biomass, the key measurement is carbon (C). Therefore, carbon stocks in natural ecosystems are typically expressed in C. The difference is 1 ton of C = 3.67 tons of CO_2.

What's the difference between a stock and flow?
What is sequestration?

The global carbon cycle accounts for the stocks (pools or reservoirs) of carbon—most notably stored in the oceans, soils, rocks, and biomass, in the atmosphere, and also in describing fossil fuel resources—and the flows describe the exchange of carbon between these stocks. Carbon sequestration is the natural or artificial process of capturing and extracting CO_2 from the atmosphere and storing it long term through biological, chemical, or physical methods. In the case of ecosystems, carbon is actively being sequestered by mature forests, grasslands, mangroves, peatlands, seagrasses, and through ecosystem restoration.

What are avoided emissions?

The potential for avoided emissions derives from averting or preventing emissions, which requires establishing a baseline. Given that deforestation and degradation cause nearly 11% of global emissions, preventing deforestation and ecosystem deterioration or destruction (thus reducing or avoiding emissions) is an important activity to lower overall global carbon dioxide emissions.

How big is a gigaton of CO_2?

1 gigaton (Gt) is 1 billion metric tons, or 1,000 million metric tons (Mt), as well as 1 petagram (Pg) or 10^{15} grams. For perspective, 1 Gt C would fill 128 million rail cars that would circle the planet 5.4 times.[1]

What is CO_2-equivalent?

There are many radiatively active greenhouse gases (GHGs); the four dominant GHGs are CO_2, methane (CH_4), nitrous oxide (N_2O) and fluorinated gases. Each gas has a different radiative efficiency and lifespan, resulting in different Global Warming Potentials (GWP) measured over 100 years. The gases have all been standardized to the equivalency of CO_2. CO_2 has a GWP of 1. So the GWP of non-CO_2 gases are multiples of CO_2, including methane (36x), nitrous oxide (298x), and fluorinated gases ranging from thousands to tens of thousands of GWP.

Key figures:

- Annual global emissions are ~50 Gt CO_2eq comprised of roughly 40 Gt CO_2 and 10Gt CO_2eq of non-CO_2 greenhouse gases.
- Annual tropical deforestation, which is disappearing the size of a soccer field every second, is responsible for 5 Gt CO_2eq.
- China's annual emissions are 10+ Gt CO_2eq, and the US's annual emissions are about 6 Gt CO_2eq.
- Taking the 211 million passenger vehicles in the United States off the road for one year would reduce emissions by 1 gigaton CO_2.
- Emissions from all land uses and land use change comprise 25% of global emissions, or 12.5 Gt CO_2eq annually.

[1] (1000000000/78)*55/5280/24901 = 5.36 (based on 1 gigaton of carbon, fitting into railroad cars each holding 78 tons, and each car 55 feet long, resulting in a train of rail cars spanning 133,547 miles, or circling the 24,901 mile circumference of the earth 5.36 times).

Guía de Referencia para el Lector

¿Qué diferencia hay entre el carbono y el dióxido de carbono?

El carbono se encuentra en la atmósfera como dióxido de carbono (CO_2), y por eso las emisiones se expresan en unidades CO_2. En la materia orgánica, como el suelo y la biomasa, la medida que más se utiliza es el carbono (C), por lo que los depósitos de carbono en los ecosistemas naturales generalmente se expresan en unidades C. La diferencia es que 1 tonelada de C = 3.67 toneladas de CO_2.

¿Cuál es la diferencia entre los depósitos y los flujos del carbono? ¿Qué es la retención del carbono?

El ciclo global del carbono describe la manera en que los depósitos o reservas de carbono se almacenan principalmente en los océanos, suelos, rocas, biomasa, la atmósfera y también en algunos recursos de combustibles fósiles; mientras que los flujos describen el intercambio de carbono entre estos depósitos. La retención de carbono es el proceso natural o artificial de capturar y extraer el CO_2 de la atmósfera, para almacenarlo a largo plazo a través de diferentes métodos químicos, físicos y biológicos. En el caso de los ecosistemas, el carbono está siendo secuestrado de manera activa por los bosques maduros, pastizales, manglares, turberas, pastos marinos y a través de la restauración de los ecosistemas.

¿Qué son las emisiones evitadas?

El potencial de emisiones evitadas se refiere a la posibilidad de evitar y prevenir estas emisiones, para lo cual se requiere establecer un punto de partida. Dado que el 11% de las emisiones globales son causadas por la deforestación y la degradación, el prevenir la deforestación y el deterioro o destrucción de los ecosistemas (reduciendo o evitando las emisiones) es una actividad importante para bajar el total de emisiones globales de dióxido de carbono.

Cuánto es un gigatón de CO_2?

Una giga tonelada (Gt) equivale a mil millones de toneladas métricas, o a 1 Petagramo (Pg) que es igual a 10^{15} gramos. Para entenderlo mejor, 1 GtC llenaría 128 millones de vagones de tren, mismos que le podrían dar 5.4 vueltas al planeta.[1]

¿Qué es el equivalente a CO_2?

Existen diferentes gases de efecto invernadero (GEI) que son radiativamente activos; los cuatro dominantes son el dióxido de carbono CO_2, el metano (CH_4), el óxido nitroso (N_2O) y los gases fluorados. Cada uno de estos tiene una eficiencia radiativa y un tiempo de vida distinto, resultando en diferentes potenciales de calentamiento global (PCG) que se miden durante 100 años. Todos estos gases se han estandarizado a la equivalencia con el CO_2. El dióxido de carbono tiene un GEI de 1. Por lo tanto, el GEI de los demás gases son múltiplos del CO_2, incluyendo al metano (36x), el óxido nitroso (298x), y los gases fluorados que varían entre los miles y decenas de miles de GEI.

Datos / números importantes:

• Las emisiones globales anuales son cercanas a 50 $GtCO_2eq$, que se componen de casi 40 $GtCO_2$ y 10 $GtCO_2eq$ de otros gases de efecto invernadero.

• La deforestación tropical anual está provocando la desaparición de zonas del tamaño de una cancha de futbol cada segundo, equivalentes a 5 $GtCO_2eq$.

• Las emisiones anuales de China son de más de 10 $GtCO_2eq$; y las de los Estados Unidos son de 6 $GtCO_2eq$.

• Si se dejaran de utilizar por un año los 211 millones de vehículos de pasajeros que existen en los EUA, se podrían reducir las emisiones en 1 giga tonelada de CO_2.

• Las emisiones de todos los usos del suelo y los cambios de uso del suelo, representan el 25% de las emisiones globales, o lo que al año equivale a 12.5 $GtCO_2$.

[1] (1000000000/78)*55/5280/24901 = 5.36 (basado en 1 giga-tonelada de carbón que cabría en carros de ferrocarril con capacidad de 78 toneladas y una longitud de 16.76 mt (55 pies) cada uno, formando un tren de 214,923 km (133,547 millas), dándole 5.36 vueltas a la circunferencia de la tierra que mide 40,074 km (24,901 millas).

PREVIOUS PAGES | PÁGINAS ANTERIORES

Kumawa Peninsula, Mainland New Guinea, Western Papua | ▲
Península de Kumawa, Nueva Guinea, Papúa Occidental

STAFFAN WIDSTRAND. WILD WONDERS OF EUROPE

Anser caerulescens ▶
Snow goose | Ganso de las nieves
Wrangel Island, Russia | Isla Wrangel, Rusia

SERGEY GORSHKOV

Introduction | Introducción

Cyril F. Kormos, Shyla Raghav, Carlos Manuel Rodríguez, Russell A. Mittermeier, Brendan Mackey, Virginia K. Young, Bernard Mercer, Michael Totten, Wes Sechrest

We currently face two accelerating and existential global environmental crises. The first is the biodiversity crisis: the wholesale destruction, fragmentation and degradation of Earth's natural ecosystems along with collapsing wildlife populations and ongoing species extinction. The facts on the current state of ecosystems are staggering; less than a quarter of Earth's land surface is free of substantial human impacts and even that area is now broken up into ~600,000 patches of natural habitat, more than half of which are less than 100 hectares and only 7% of which are larger than 10,000 hectares. We have cleared over one-third of the planet's original forest cover, and of our remaining forests, only one-third qualifies as "primary" or "old-growth" forest—and we continue to lose millions of hectares of primary forest each year. Marine environments are similarly impacted: a recent estimate put marine wilderness at about 13% of the world's oceans.

The news is equally bad with respect to species. A study looking at half of Earth's known vertebrates found that about one-third are decreasing, and for the 177 mammal species on which detailed data were available, all have lost 30% or more of their geographic ranges, and

PREVIOUS PAGES | PÁGINAS ANTERIORES

▲ Potaro Plateau, Paracaima Mountains, Guyana | Meseta del Pótaro, Sierra de Paracaima, Guyana

ANDREW SNYDER. NATURE IN STOCK

◄ A 400-500 year old giant Mountain ash | Fresno de montaña de 400-500 años Toolangi State Forest, Victoria, Australia | Bosque Estatal Toolangi, Victoria, Australia

BILL HATCHER. NATIONAL GEOGRAPHIC IMAGE COLLECTION. ALAMY STOCK PHOTO

Actualmente nos enfrentamos a dos crisis existenciales y ambientales que van en aumento. La primera es la crisis de la biodiversidad: la destrucción, fragmentación y degradación a gran escala de los ecosistemas naturales de la Tierra, acompañadas por el desplome en las poblaciones de vida silvestre y la constante extinción de especies. Los datos sobre el estado actual de los ecosistemas son abrumadores: menos de una cuarta parte de la superficie del suelo del planeta está libre de importantes impactos antropogénicos, e incluso esa superficie se encuentra fragmentada en unas 600,000 manchas de hábitat natural, de las cuales más de la mitad son menores de 100 hectáreas, y sólo el 7% son mayores de 10,000 hectáreas. Hemos talado más de la tercera parte de la cubierta forestal original del planeta, y sólo la tercera parte de los bosques que permanecen califican como bosques "primarios" o "maduros" y seguimos perdiendo millones de hectáreas de éstos al año. Los ambientes marinos sufren un impacto similar: un cálculo reciente indica que solo el 13% de los océanos del mundo aún se consideran como intactos.

Las noticias son igual de sombrías para las especies: un estudio que revisó la mitad de los vertebrados conocidos de la Tierra encontró que casi un tercio de ellos se están reduciendo y de las 177 especies de mamíferos para las cuales habían datos detallados, cada una ha perdido el 30% o más de su distribución geográfica, y el 40% ha experimentado reducciones severas en su población. Un cálculo reciente de las poblaciones de vida silvestre en el mundo encontró que la abundancia de las poblaciones ha caído en un promedio de 60% en 40 años. También existe una reducción alarmante de invertebrados, con una disminución observada del 75% de insectos voladores en muchas reservas naturales templadas, y una abrumadora reducción de 60 por

PREVIOUS PAGES | PÁGINAS ANTERIORES

▲ Boreal forest, Alaska, USA | Bosque boreal, Alaska, EUA

FRANS LANTING

◄ Peat bog lands and taiga boreal forest, Lapland, Norrbotten, Sweden |
Tierras pantanosas de turbera y bosque boreal de taiga, Laponia, Norrbotten, Suecia

STAFFAN WIDSTRAND. WILD WONDERS OF EUROPE

40% have experienced severe population declines. A recent estimate of wildlife populations globally found that the abundance of populations has fallen by an average of 60% over 40 years. There is also an alarming decline in invertebrate species with a 75% decrease in flying insects observed in many temperate nature reserves, and a staggering 60-fold decrease in butterflies, moths, spiders, grasshoppers, and other insects in the tropical nature reserves studied. This is a loss of important pollinators, which has led to drops in insect-feeding birds and frogs.

Biodiversity loss in the world's oceans is also of increasing concern. For example, more than 30% of fish populations are being overharvested, more than 30% of sharks, rays, and other cartilaginous fish species are considered threatened, six of the world's seven sea turtle species are critically endangered, and coral reefs have declined by 40%. The impact of ocean biodiversity loss on humans is also becoming more apparent and we are starting to see the ripple effects through losses in livelihoods, food availability, and shoreline protection when coastal ecosystems are degraded and destroyed.

In addition to population declines, the current rate of species extinctions is at least 100 times faster than the background rate (determined by looking at the geological record), and some estimates suggest it might be as much as 1,000 times faster. The consequence is that we now find ourselves on the verge of the sixth global mass species extinction crisis, the first caused by humans. We are destroying the natural fabric of our planet—the web of life with which we co-evolved and the planetary life support system upon which we all depend.

The second crisis is, of course, climate change, and unfortunately, the news is just as dire. Global temperatures have already warmed

◀ *Trichechus manatus latirostris*
Florida manatees | Manatíes de Florida
Three Sisters Spring, Crystal River, Florida, USA |
Manantial de las Tres Hermanas, Río Cristal, Florida
DAVID FLEETHAM. NATUREPL.COM

FOLLOWING PAGES | PÁGINAS SIGUIENTES
▼ *Hippopotamus amphibius*
Hippopotamus | Hipopótamo
Limpopo, South Africa | Limpopo, Sudáfrica
PETE OXFORD

ciento en el número de mariposas, polillas, arañas, saltamontes y otros insectos de las reservas naturales tropicales que se estudiaron. Esta es una pérdida de polinizadores importantes que ha llevado a la reducción de aves y ranas que se alimentan de insectos.

La pérdida de biodiversidad en los océanos del mundo también es una creciente preocupación. Al respecto, más del 30% de las poblaciones de peces están siendo sobre-explotadas; más del 30% de tiburones, rayas y otras especies de peces cartilaginosos se consideran en peligro de extinción; seis de las siete especies de tortugas marinas del mundo están en peligro crítico y los arrecifes coralinos se han reducido en 40%. El impacto que tiene la pérdida de la biodiversidad oceánica sobre los humanos es cada vez más evidente y a medida que se degradan o destruyen los ecosistemas costeros, estamos empezando a ver un efecto en cadena con la pérdida de medios de sustento, la disponibilidad de alimentos y la protección de las costas.

Además de la reducción de la población, la tasa actual de extinción de especies es por lo menos 100 veces más rápida que la tasa natural (la cual se determina al revisar los registros geológicos), y algunas estimaciones sugieren que puede ser hasta 1,000 veces más rápida. La consecuencia es que ahora nos encontramos al borde de la sexta crisis de extinción masiva, que es la primera causada por los humanos. Estamos destruyendo el tejido natural de nuestro planeta — la red de vida en la que evolucionamos juntos y el sistema de soporte de vida planetario del cual todos dependemos.

La segunda crisis es, por supuesto, la del cambio climático y desafortunadamente el pronóstico es igualmente terrible. Las temperaturas globales ya han aumentado en un promedio de casi 1 °C (y todavía más en las regiones polares), y el reporte más reciente del Panel Intergubernamental sobre Cambio Climático (IPCC, por sus siglas en inglés) encontró que rápidamente se nos está acabando el tiempo para evitar un calentamiento catastrófico del planeta. De acuerdo con el IPCC, sólo podemos tolerar la emisión de otras 420-570 Gt de CO_2, equivalentes a otros 12 años de emisiones a los niveles actuales (pero otras estimaciones sugieren que en realidad podemos tolerar mucho menos). Sumado a esto, las emisiones globales habrán de llegar a su nivel máximo para el 2020; deberemos reducir las emisiones a cero para mediados de siglo y a partir de entonces, se deberá aumentar la captación de CO_2 ("emisiones negativas") para poder evitar el calentamiento

by an average of nearly 1 °C (far more in the polar regions), and the latest report from the Intergovernmental Panel on Climate Change (IPCC) found that we are rapidly running out of time to avoid catastrophic warming of the planet. According to the IPCC, we can only afford at most another 420–570 Gt of CO_2 emissions, or about 12 years of emissions at current levels (with some estimates suggesting we can afford far less). Additionally, global emissions must peak by 2020, we must reduce carbon emissions to zero by around mid-century, and CO_2 sequestration ("negative emissions") must increase thereafter to avoid 1.5 °C of warming—the threshold above which we face grave climate change risks.

When we consider that global emissions continue to rise and that the emissions reductions pledged by countries under the Paris Agreement to the United Nations Framework Convention on Climate Change (UNFCCC) are not sufficient to prevent 2 °C—let alone 1.5 °C—of warming (creating what is referred to as an "emissions gap"), the prognosis becomes even more bleak. Without any doubt, we are in a climate crisis, and we need to do everything possible to achieve the deep and rapid reductions in emissions required from all sources.

The problems are made even more challenging by the multiple ways in which the accelerating biodiversity and climate change crises are coupled and mutually reinforcing. A warming planet threatens ecosystems and species that do not have the ability to adapt to higher temperatures and extreme weather patterns. Conversely, clearing and degrading ecosystems releases vast amounts of carbon into the atmosphere each year, exacerbating climate change. About 0.8–0.9 gigatons of carbon, or about 8% of net annual anthropogenic emissions, comes from clearing natural ecosystems (mainly forests); about 36% of carbon dioxide currently in the atmosphere comes from past clearing and degradation of natural habitats.

However, there is also good news to be found in the interdependence of biodiversity, ecosystems, and climate change. Just as they can pull each other into a disastrous downward spiral, they can also form a virtuous circle of positively reinforcing connections. It is important to pause here and to examine how and why ecosystems and their biodiversity can play such a critical role in saving us from catastrophic climate change.

de 1.5 °C — el umbral a partir del cual nos enfrentaríamos a riesgos severos de cambio climático.

El cuadro se vuelve aún más negro cuando tomamos en cuenta que las emisiones globales siguen aumentando, y que las reducciones de emisiones que prometieron los países participantes en el Acuerdo de París, dentro de la Convención Marco de las Naciones Unidas sobre Cambio Climático (CMNUCC), no han sido suficientes para prevenir el calentamiento global de 2 °C, mucho menos el de 1.5 °C (creando así la denominada "brecha de emisiones"). Sin lugar a duda, estamos ante una emergencia climática, y necesitamos hacer todo lo posible para que todas las fuentes logren reducir las emisiones de manera rápida e importante.

Los problemas se convierten en retos aún mayores cuando se toman en cuenta las diferentes formas en las que están ligadas las crecientes crisis climática y de biodiversidad, haciéndolas interdependientes. Un planeta en calentamiento amenaza a los ecosistemas y a las especies que no pueden adaptarse a las temperaturas más elevadas y a los patrones de clima extremos. Por otro lado, el desmonte y la degradación de los ecosistemas liberan grandes cantidades de carbono a la atmósfera cada año, lo que empeora al cambio climático. Alrededor de 0.8-0.9 Gigatoneladas de carbono, o casi el 8% de las emisiones antropogénicas anuales netas, provienen del desmonte de los ecosistemas naturales (principalmente bosques) y alrededor del 36% del dióxido de carbono que se encuentra actualmente en la atmósfera proviene del desmonte y degradación de los hábitats naturales que se hicieron en el pasado.

Sin embargo, también se pueden encontrar factores positivos en la interdependencia entre la biodiversidad, los ecosistemas y el cambio climático. Así como pueden arrastrarse mutuamente en una catastrófica espiral descendente, también pueden formar un círculo virtuoso de conexiones y refuerzos positivos. Es importante hacer una pausa aquí para examinar cómo y por qué los ecosistemas y su biodiversidad pueden desempeñar un papel tan crítico para salvarnos de un cambio climático catastrófico.

PAGE 49 | PÁGINA 49

▲ *Ursus maritimus*
Polar bear | Oso polar
Svalbard, Norway | Svalbard, Noruega
PAUL NICKLEN. NATIONAL GEOGRAPHIC IMAGE COLLECTION

◀ Hornsund, Svalbard, Norway | Hornsund, Svalbard, Noruega
PAUL NICKLEN. NATIONAL GEOGRAPHIC IMAGE COLLECTION

First and foremost, protect the globally significant ecosystem carbon stocks in healthy, natural ecosystems

The most critical point to make regarding ecosystems and climate change is that they store vast amounts of carbon that would otherwise be in the atmosphere in the form of carbon dioxide. Terrestrial ecosystems alone store about 2,000 gigatons of carbon (Gt C) in their vegetation and soil, with most of the biomass carbon stored in forests (~862 Gt C). There is more than twice as much carbon stored in terrestrial ecosystems as the 800 Gt C currently residing in the atmosphere, and more than that is in known reserves of oil and coal *combined*. Marine habitats such as kelp forests, seagrasses, and mangroves also store carbon—about 30 Gt C. *In short, there is so much carbon stored in ecosystems that we could exceed the 1.5 °C or even the 2 °C global warming thresholds if we allow these ecosystems to continue to be destroyed, even if we succeed in eliminating fossil fuel emissions*. Preventing catastrophic climate change requires deep and rapid reduced emissions from all human-caused sources.

Given the urgency of the climate change crisis and the certainty that ongoing fragmentation, damage, and loss of ecosystems will increase carbon dioxide emissions into the atmosphere, it is crucial that we protect ecosystem carbon stocks for the long term, and the best way to do that is to maintain undisturbed ecosystems with all their native biodiversity. Or to use the language of the Paris Agreement to the UNFCCC, we must ensure the integrity of all ecosystems and the protection of biodiversity.

There are several reasons why ecosystem integrity is critical to protecting ecosystem carbon stocks. One is that biodiversity is central to an ecosystem's stability, adaptive capacity, and resilience. The natural biodiversity of ecosystems with all their plant and animal species have

◄ *Zalophus californianus*
Californian sealion in kelp forest |
Lobo marino californiano en un bosque de sargazo
East San Benito Island, Baja California, Mexico |
Isla San Benito Este, Baja California, México
CLAUDIO CONTRERAS KOOB

Ante todo, proteger las reservas de carbono de relevancia global dentro de los ecosistemas naturales sanos

El punto más importante que se debe hacer sobre los ecosistemas y el cambio climático, es que éstos almacenan enormes cantidades de carbono que de otra manera estarían en la atmósfera en forma de dióxido de carbono. Los ecosistemas terrestres por sí mismos almacenan alrededor de 2,000 Gigatoneladas de carbono (GtC) en su vegetación y suelos, almacenando la mayoría del carbono en la biomasa de los bosques (~862 GtC). Hay más del doble de carbono almacenado en los ecosistemas terrestres que las 800 GtC que actualmente tiene la atmósfera, y más de las que existen en las reservas combinadas de petróleo y carbón. Los hábitats marinos, como los bosques de algas, los pastizales marinos y manglares, también almacenan carbono, casi 30 GtC. *En resumen, hay tanto carbono almacenado en estos ecosistemas que podríamos sobrepasar el umbral de calentamiento del 1.5 °C, o incluso el de 2 °C, si permitimos que se sigan destruyendo, aún si logramos eliminar las emisiones de combustibles fósiles.* Para prevenir el catastrófico cambio climático es necesario reducir de manera rápida y profunda todas las emisiones causadas por los humanos.

Dada la urgencia de la crisis del cambio climático y la certeza de que la fragmentación, daño y pérdida constante de los ecosistemas traerá un aumento en las emisiones de dióxido de carbono a la atmósfera, es crucial que protejamos a largo plazo estas reservas de carbono de los ecosistemas, y la mejor manera de hacerlo es mantener los ecosistemas intactos con toda su biodiversidad nativa. Usando los términos de los Acuerdos de París dentro de la CMNUCC, debemos garantizar la integridad de todos los ecosistemas y la protección de la biodiversidad.

Existen varias razones por las que la integridad de los ecosistemas es crítica para la protección de las reservas de carbono. Una es que la biodiversidad es esencial para la estabilidad, capacidad de adaptación y resiliencia de un ecosistema. La biodiversidad natural de los ecosistemas ha evolucionado con todas sus especies de plantas y animales para poder prevalecer en las condiciones que se presenten, incluyendo las perturbaciones naturales como huracanes, inundaciones y derrumbes. Los ecosistemas que no han sido degradados por el uso del suelo y otros impactos humanos tienen mayor posibilidad de resistir

Pteropus scapulatus ▶
red flying fox | Pequeños zorros voladores
therton Tablelands, Queensland, Australia |
Meseta Atherton, Queensland, Australia
JÜRGEN FREUND

evolved so they are best suited to prevailing conditions, including natural disturbance regimes (such as hurricanes, floods, and landslides). Ecosystems that have not been degraded by land use and other human impacts are more able to resist external disturbances and stresses. In addition, the diversity found within and between their constituent species provides natural selection with a menu of options for adapting to new conditions. As a result, healthy ecosystems can resist, bounce back, and recover—or adapt to external stresses, if required. Conversely, removing biodiversity from an ecosystem makes it more vulnerable to disturbances, including climate change impacts, which place ecosystem carbon stocks at greater risk. Therefore, the best option for keeping biomass carbon safe (and out of the atmosphere) is to ensure that ecosystem integrity is maintained and restored where necessary.

Biodiversity is key to an ecosystem's ability to regenerate following natural disturbances and human impacts. For example, birds, mammals, tortoises, and insects act as seed dispersers; birds, bats, butterflies, and other insects act as pollinators; and microorganisms and fungi are critical for the cycling of nutrients that enable the productivity of ecosystems to be maintained. The diversity within and between species helps ensure that ecosystems can continually renew and adapt, even in the face of climate change.

Finally, biomass carbon stocks are not only the safest in natural, undisturbed ecosystems: they are also the largest. For example, a primary forest stores at least 30% more carbon than a degraded forest of the same type. In ecosystems that fix large concentrations of carbon below ground (such as boreal forests, grasslands, or mangroves), it is essential not to disturb the natural vegetation that keeps intact the soils and sediments where much of the carbon is stored. Similarly, it is critical

◄ *Chelonia midas*
Green sea turtle | Tortuga verde
Island of Culebra, Puerto Rico, USA | Isla Culebra, Puerto Rico, EUA
JAY FLEMING

FOLLOWING PAGES | PÁGINAS SIGUIENTES
▼ Red mangrove | Mangle rojo
East coast of Brazil | Costa Este de Brasil
PETE OXFORD

alteraciones y tensiones externas. Además, la diversidad de las especies que los constituyen proporciona una selección natural basada en una variedad de opciones que permiten la adaptación a condiciones nuevas. Como resultado, un ecosistema sano puede resistir, regenerarse y recuperarse, o adaptarse a las nuevas presiones si fuera necesario. Por otro lado, eliminar la biodiversidad de un ecosistema lo hace más vulnerable a las perturbaciones, incluyendo los impactos por el cambio climático, poniendo en mayor riesgo las reservas de carbono. Por lo tanto, la mejor opción para mantener seguro el carbono de la biomasa (y fuera de la atmósfera) es garantizar que se mantenga la integridad del ecosistema, o que se reestablezca cuando sea necesario.

La biodiversidad es clave para la capacidad que tiene un ecosistema de regenerarse tras una perturbación natural o un impacto antropogénico. Por ejemplo, las aves, los mamíferos, tortugas e insectos, actúan como dispersores; los pájaros, murciélagos, mariposas y otros insectos son polinizadores, y los microorganismos y hongos son cruciales para la circulación de nutrientes que permite mantener la productividad de los ecosistemas. La diversidad de, y entre especies, ayuda a garantizar que los ecosistemas puedan renovarse y adaptarse continuamente, incluso ante el cambio climático.

Por último, las reservas de carbono de la biomasa no sólo están más seguras en los ecosistemas naturales intactos, sino que también ahí se encuentran en mayor cantidad. Por ejemplo, un bosque primario almacena por lo menos 30% más carbono que un bosque degradado del mismo tipo. En los ecosistemas que fijan grandes concentraciones de carbono en el subsuelo, tales como los bosques boreales, pastizales o manglares, no se debe perturbar la vegetación natural que mantiene intactos los suelos o sedimentos donde se almacena mucho carbono. También es crítico evitar drenar o perturbar las turberas ya que contienen reservas de carbono extraordinariamente densas.

La integridad de los ecosistemas es fundamental para mitigar el cambio climático, ya que apuntala de manera directa la estabilidad de la enorme biomasa natural y las grandes reservas de carbono. Dado que un ecosistema saludable almacena mayor cantidad de carbono de manera más segura que los ecosistemas degradados o las operaciones agroforestales, las acciones para proteger y restaurar la integridad de los ecosistemas ayudarán a mantener las reservas de carbono almacenados en bosques, turberas, humedales, manglares, praderas, pastizales

to avoid draining or disturbing peatlands, which also have extraordinarily dense carbon stocks.

Ecosystem integrity is fundamental to climate change mitigation because it directly underpins the stability of the planet's massive natural biomass and soil carbon stocks. Given healthy ecosystems store more carbon more securely than degraded ecosystems or agroforestry operations, protecting and restoring ecosystem integrity will help maintain the ecosystem carbon stocks stored in forests, peatlands, wetlands, mangroves, grasslands, seagrasses, kelp forests, and other ecosystems to better enable them to persist through the critical decades and centuries to come. Ecosystem integrity is also essential with respect to the tundra ecosystem and the safe storage of greenhouse gases in the permafrost of boreal and arctic regions.

It is important to note that because of ongoing plant growth, primary ecosystems also function as "sinks" (i.e., in addition to storing massive carbon stocks over centuries or millennia, they also continue to actively sequester carbon, adding to their carbon stock every year). The rate at which they capture carbon decreases with the age of the dominant plants in the ecosystem, which in the case of primary or "old-growth" forests, for example, are the canopy trees. As a result, sequestration rates in old-growth forests are often lower than in younger forests. But our understanding of terrestrial carbon dynamics is incomplete, and recent research has revealed that large, old trees do in fact continue to sequester more carbon than was previously thought. Furthermore, when aggregated over millions of hectares, carbon sequestration in old-growth forests is globally significant: by some estimates, as much as a 1.5 gigatons of carbon a year, or the equivalent of over 10% of annual anthropogenic emissions. When the sink values of non-forest ecosystems are added, this global sink benefit of ecosystems increases even further. For example, seagrasses, salt marshes, and mangroves also sequester and store significant stocks of carbon, comparable to forests on a per-hectare basis.

On the other hand, if greenhouse gas emissions and climate change continue to accelerate, many ecosystems may reach a "tipping point"

◀ Tundra, Svalbard, Norway | Tundra, Svalbard, Noruega
SANDRA BARTOCHA

marinos, bosques de algas y otros ecosistemas, y que permanezcan allí durante las décadas y siglos críticos que están por venir. La integridad de los ecosistemas también es esencial para los ecosistemas de tundra, así como el almacenamiento seguro de los gases de efecto invernadero en el permafrost de las regiones árticas y boreales.

Es importante mencionar que debido al constante crecimiento de las plantas, los ecosistemas primarios también funcionan como "sumideros". Es decir, que además de almacenar inmensas reservas de carbono a lo largo de siglos o milenios, también continúan secuestrando carbono de manera activa, agregando más carbono a sus reservas cada año. La tasa de captación de carbono disminuye con la edad de las plantas que predominan en el ecosistema, que en el caso de los bosques primarios o "maduros", por ejemplo, son los árboles de dosel. Como resultado, las tasas de retención de los bosques maduros generalmente son menores que los bosques más jóvenes. Sin embargo, el entendimiento que tenemos sobre la dinámica del carbono terrestre es todavía incompleto, y las investigaciones recientes han revelado que los árboles más grandes y viejos en realidad siguen secuestrando más carbono de lo que anteriormente se pensaba. Además, acumulada a lo largo de millones de hectáreas, la retención de carbono en los bosques maduros de todo el mundo es considerable: según algunos cálculos, casi 1.5 Gigatoneladas de carbono al año, o el equivalente a más del 10% de las emisiones antropogénicas anuales. Cuando a esto se añaden las cantidades capturadas a través de los sumideros de ecosistemas no-forestales, el beneficio de retención global de los ecosistemas se incrementa aún más. Por ejemplo, los pastizales marinos, las marismas salobres y los manglares también secuestran y almacenan reservas importantes de carbono por hectárea, equiparables con las de los bosques.

Por otro lado, si las emisiones de gases de efecto invernadero y el cambio climático siguen acelerándose, muchos ecosistemas pueden llegar a un "punto de inflexión" y convertirse en un ecosistema diferente (en algunos casos, en ecosistemas que almacenan menos carbono y tienen un suministro de agua deficiente). Por ejemplo, la interacción del cambio climático con la tala, la minería y el desmonte para la ganadería de la región oriental del Amazonas, podría traer una reducción importante en la precipitación de la región, causando que grandes áreas de selva tropical se conviertan en bosques más secos y menos

and develop into a different ecosystem type—in some cases, into ecosystems that store less carbon and have impaired water provision. For example, the interaction of climate change with logging, mining, and clearing for ranching in the eastern Amazon could result in a major reduction in regional rainfall, causing vast areas of tropical rainforest to be converted to a drier, more open forest type. There are also signs of ecosystem collapse all over the world as the result of the interactions between climate change and land use, including in managed forests in developed countries. For instance, the Central Highlands forest ecosystem of Victoria, Australia, home to some of the most carbon-rich forests on Earth, is on a trajectory to collapse because past logging has removed the vast majority of big, old trees in the forest, creating a biodiversity crisis and increasing the forest's vulnerability to fire, which is now becoming more frequent and more intense with climate change.

Avoid emissions from degradation as well as the clearing of ecosystems

Given that the remaining global carbon budget is small, the time frame to reduce emissions is short, and the global significance of ecosystem carbon stocks, it follows that safeguarding natural landscapes (especially landscapes that are still undisturbed by human land use) is a top priority for mitigation action. However, it is not enough to simply focus on deforestation and the clearing of other ecosystems. While deforestation and ecosystem loss get most of the attention, ecosystem *degradation* (i.e., land use that negatively impacts but does not completely destroy the ecosystem) is also a major source of carbon emissions.

The scale of emissions from degradation is more difficult to quantify than ecosystem loss because degradation cannot be measured as easily as the clearing of ecosystems, which can usually be detected by using remote sensing such as satellites or radar imagery. Nonetheless, recent estimates suggest that emissions from degradation are very high. In tropical forests, for example, degradation is so widespread that emissions amount to at least half and could even be as high or higher than emissions from deforestation. Most developing countries have not yet included emissions from forest degradation in their greenhouse gas assessments. Avoiding these emissions would be a major additional mitigation action open to many countries, which would also curtail

densos. También existen signos de colapso en los ecosistemas de todo el mundo como resultado de la interacción entre el cambio climático y el uso del suelo, incluyendo los bosques bien manejados en los países desarrollados. Por ejemplo, el ecosistema forestal del Altiplano Central de Victoria, Australia, que alberga unos de los bosques más ricos en carbono del planeta, va rumbo al colapso debido a que la tala del pasado eliminó a la mayoría de los árboles grandes y viejos, creando una crisis de biodiversidad y aumentando su vulnerabilidad ante los incendios que se están volviendo más frecuentes e intensos con el cambio climático.

Evitar las emisiones por degradación, al igual que el desmonte de los ecosistemas

Debido al escaso presupuesto mundial de carbono con que contamos, el poco tiempo que tenemos para reducir las emisiones y la importancia global que tienen las reservas de carbono de los ecosistemas, se debe considerar la salvaguarda de los paisajes naturales como prioridad máxima para acciones de mitigación, especialmente para los paisajes que todavía no han sido tocados por el hombre al cambiar el uso de suelo. Sin embargo, no es suficiente sólo enfocarnos en la deforestación y el desmonte de otros ecosistemas. Mientras la atención se dirige principalmente a la deforestación y la pérdida de los ecosistemas, la degradación de los mismos (es decir, el uso de suelo que tiene un efecto negativo, pero que no destruye el ecosistema en su totalidad) también es una fuente importante de emisiones de carbono.

Es más difícil cuantificar la escala de emisiones generadas por la degradación que la de una pérdida, porque la degradación no se puede medir tan fácilmente como el desmonte de los ecosistemas, el cual generalmente puede ser detectado mediante sensores remotos, tales

A single ancient tree survives in the midst of regrowth after old growth forest clearing | Solitario árbol viejo superviviente tras la tala del bosque maduro ▸
Humboldt Redwoods State Park, California, USA | Parque Estatal Humboldt Redwoods, California, EUA
MICHAEL NICHOLS. NATIONAL GEOGRAPHIC IMAGE COLLECTION

Natal, Mato Grosso Norte, Brazil | ▶
iz Natal, Mato Grosso Norte, Brasil
GEORGE STEINMETZ

como imágenes satelitales o de radar. Sin embargo, estimaciones recientes sugieren que las emisiones por degradación son muy altas. En los bosques tropicales, por ejemplo, la degradación es tan extensa que las emisiones alcanzan por lo menos la mitad de las emisiones por deforestación, e incluso podrían ser igual o más altas. La mayoría de los países en desarrollo todavía no incluyen las emisiones por degradación forestal en sus cálculos de emisión de gases de efecto invernadero. Evitar las emisiones podría ser una acción de mitigación adicional muy importante para muchos países que también podría disminuir la degradación de los ecosistemas, lo que es una consideración clave ya que los servicios de los ecosistemas proporcionan múltiples beneficios, especialmente para las comunidades locales de los países en desarrollo.

Regeneración y restauración de los ecosistemas

Recobrar los ecosistemas que han sido completamente desmontados, o restaurar los degradados, puede traer beneficios de mitigación muy grandes. La restauración ecológica es una opción muy atractiva ya que elimina activamente el dióxido de carbono de la atmósfera a niveles muy altos por hectárea, algo que se necesita urgentemente. Esto tiene como resultado un ecosistema regenerado o restaurado con un nivel más alto de integridad y, por lo tanto, una mayor posibilidad de soportar amenazas y una capacidad de adaptación más alta para proteger y retener las reservas de carbono a largo plazo.

Existen varias salvedades importantes que se deben considerar para los proyectos de restauración de ecosistemas. Una es simplemente que, sin las salvaguardas apropiadas, un área que está en proceso de restauración podría ser sometida nuevamente a actividades de desmonte o degradación, antes de tener la oportunidad de recuperarse por completo. La restauración no puede cumplir sus promesas de mitigación y biodiversidad si no evita daños adicionales a las áreas naturales existentes. Los ecosistemas en recuperación también son más frágiles y vulnerables que los ecosistemas primarios sanos y pueden sucumbir

◂ Errinundra, Victoria, Australia | Errinundra, Victoria, Australia
ROB BLAKERS

ecosystem degradation, a key consideration given that ecosystem services provide multiple benefits, particularly for local communities in developing countries.

Regenerating and restoring ecosystems

Bringing back ecosystems where they have been cleared away completely, or restoring ecosystems where they are degraded, can also provide substantial mitigation benefits. Ecological restoration is an attractive option because it can actively remove carbon dioxide from the atmosphere at high rates per hectare, which is desperately needed. This results in regenerated or restored ecosystems with a higher level of ecosystem integrity and, therefore, a superior ability to withstand threats and higher adaptive capacity to protect and maintain carbon stocks for the long term.

There are a number of important caveats when considering ecosystem restoration projects. One is simply that without appropriate safeguards, an area under restoration could once again be subjected to clearing or degrading activities before it has had the chance to fully recover; restoration cannot deliver its mitigation and biodiversity promises if it does not prevent further damage to existing natural areas. Recovering ecosystems are also more fragile and vulnerable than healthy, primary ecosystems, and may succumb to fire or extreme weather. Restoration may also fail because of rapid changes in climatic or other environmental factors that result in the regenerating species being unsuited to prevailing conditions. Restoration can also be expensive if, for example, it involves extensive replanting or if other activities such as fire management or eradicating invasive species are necessary. Another factor is patience: it takes decades to centuries, and sometimes longer, to reestablish a healthy, ecologically mature ecosystem with all of its biodiversity.

The short-term mitigation benefits of restoration can be significant because some ecosystems, such as forests, sequester carbon at very

◄ Kaiwamparu Creek, Paracaima Mountains, Guyana | Arroyo Kaiwamparu, Sierra Paracaima, Guyana
ANDREW SNYDER. NATURE IN STOCK

a los incendios o climas extremos. La restauración también puede fallar debido a algunos cambios rápidos en los factores climáticos o ambientales, que pueden hacer que las especies en regeneración no sean aptas para las condiciones prevalentes. La restauración también puede ser costosa, por ejemplo, si involucra la replantación extensiva, o si son necesarias otras actividades tales como los incendios controlados o la erradicación de especies invasoras. Otro factor es la paciencia: se requieren décadas, hasta siglos, y a veces más tiempo para reestablecer un ecosistema ecológicamente maduro con toda su biodiversidad original.

Los beneficios de mitigación a corto plazo que trae la restauración pueden ser muy importantes porque algunos ecosistemas, como los bosques, secuestran altos niveles de carbono a medida que vuelven a crecer: de 1-3 toneladas de carbono por hectárea (o más para un bosque degradado en recuperación), y tantas como 2-6 toneladas por hectárea para los bosques que están volviendo a crecer en lugares donde se habían desmontado por completo. Además, los niveles de captación de carbono pueden permanecer altos durante varias décadas. Incluso con niveles altos de captación, puede tomar mucho tiempo para que un bosque en regeneración alcance su capacidad natural máxima para retener carbono (en muchos casos, más de un siglo); y mientras tanto, el bosque será menos resiliente y correrá más riesgos. Sin embargo, de 1-3 toneladas de carbono por hectárea acumuladas a lo largo de millones de hectáreas suman una cantidad impresionante de carbono secuestrado. También debemos señalar que el papel central de la biodiversidad es proporcionar resiliencia y capacidad de adaptación al sistema en regeneración, incluso más allá de la que tienen las plantaciones o los sistemas agroforestales comerciales.

Todos los países que tienen grandes áreas naturales o semi-naturales podrían hacer una contribución importante a la mitigación climática a nivel global, a la protección de la biodiversidad y al aseguramiento de la integridad de los ecosistemas, si examinan bajo una nueva perspectiva a los ecosistemas y la mitigación, así como los beneficios asociados a la protección y a la restauración. Los bosques húmedos templados (incluyendo los que están en países secos como Australia), almacenan más carbono por hectárea que las selvas tropicales. Los Estados Unidos, Canadá, Europa Oriental, e incluso partes de Europa Occidental pueden entregar resultados de mitigación mucho más

favorables al proteger y restaurar de mejor manera sus áreas ecológicamente importantes.

Los bosques boreales que actualmente se están talando podrían almacenar mucho más carbono por hectárea a largo plazo si se les permitiera regenerarse por completo después de la tala, si no se hiciera tala de salvamento, y si se implementaran planes de gestión forestal que no permitieran nuevas talas en esas áreas. Es interesante que los estudios que calculan la captación adicional del carbono que se genera al rescindir las áreas de producción maderera en Alemania, Australia, y Borneo Malayo, llegan a conclusiones muy similares: en promedio, el almacenamiento de carbono podría duplicarse si se les permitiera recuperar hasta llegar a la condición de bosques primarios. Un reporte reciente revisó el potencial de mitigación que se obtendría al restaurar una cuarta parte de los bosques productores a la condición de bosques primarios. El reporte concluye que se podría secuestrar media tonelada más de carbono al año, y al mismo tiempo se incrementaría en un 50% el área de cobertura forestal primaria del planeta — proporcionando un futuro más viable para la biodiversidad, además de los múltiples beneficios que traen los servicios de los ecosistemas para apoyar a las comunidades locales y a los pueblos originarios.

Restaurar un ecosistema degradado, o regenerarlo por completo cuando ha sido desmontado es mucho más difícil y costoso, si no imposible, cuando no quedan por lo menos algunos parches sanos del ecosistema en lugares cercanos. Incluso manchas pequeñas de hábitat en buenas condiciones sirven como bancos de semillas para un área desmontada más grande, y como hábitat para los dispersores de semillas como aves, mamíferos o tortugas. Por lo tanto, el enfoque de conectividad propuesto por las grandes iniciativas de conservación es una estrategia clave, ya que le da prioridad a los esfuerzos de restauración que se basan en la amortiguación y reconexión usando los parches de ecosistemas de alta calidad remanentes. La conservación por conectividad proporciona un modelo comprobado para lograr la restauración efectiva a largo plazo que puede cumplir con múltiples

◀ Fazenda Santa Maria de Amazonia, Sorriso, Mato Grosso Norte, Brazil | Hacienda Santa María de Amazonia, Sorriso, Mato Grosso Norte, Brasil
GEORGE STEINMETZ

high rates as they regrow: 1–3 tons of carbon per hectare (or more for a forest that is recovering after being degraded), and as much as 2–6 tons per hectare for a forest growing back where it has been cleared completely. And carbon sequestration rates can remain high for decades. Even with high sequestration rates, it can still take a long time for a regenerating forest to reach its maximum natural carbon-carrying capacity (in many cases, well over a century), and in the interim, the forest will be less resilient and at greater risk. Nonetheless, 1–3 tons of carbon per hectare spread out over hundreds of millions of hectares adds up to an impressive amount of carbon sequestration. It is also important to note the central role of biodiversity in providing the regenerating ecosystem with resilience and adaptive capacity, well beyond that found in plantations and commercial agroforestry systems.

All countries with substantial areas of natural and semi-natural lands could make a globally significant contribution to climate mitigation, biodiversity protection, and ensuring ecosystem integrity if they took a fresh look at ecosystems and the mitigation and associated benefits that arise from their protection and restoration. Temperate wet forests (including in otherwise dry countries like Australia) store more carbon on a per-hectare basis than tropical rainforests. The US, Canada, eastern Europe, and even parts of western Europe can all deliver vastly improved mitigation outcomes by better protecting and restoring ecologically important areas.

Boreal forests that are currently commercially logged could store far more carbon per hectare over the long term if allowed to fully regenerate after logging, if salvage logging did not occur, and if forest management plans were implemented that precluded a return of logging in the future. Interestingly, studies estimating the additional carbon sequestration arising from withdrawing areas from wood production in Germany, Australia, and Malaysian Borneo lead to remarkably similar conclusions: on average, carbon storage could double if they were allowed to recover to primary forest. A recent report looked at the mitigation potential from restoring one-quarter of the world's production natural forests to primary forest, concluding that an additional half ton of carbon per year could be sequestered—while increasing the area of primary forest cover globally to 50% of the world's forests—providing a more viable future for biodiversity and multiple ecosystem service benefits in support of local and Indigenous communities.

objetivos relacionados con el clima, la biodiversidad y la integridad del ecosistema.

El nivel que podamos alcanzar en el potencial de mitigación que se genera con la restauración y regeneración de los sistemas a nivel global depende de varias variables. Primero, depende de la voluntad política de los gobiernos para dejar de desmontar y degradar los ecosistemas; su compromiso de rescindir y revertir los subsidios que otorgan a las actividades industriales de extracción, y a los proyectos de infraestructura que convierten y degradan los ecosistemas. Segundo, depende de qué tan eficiente pueda ser la agricultura para que el sector agrícola produzca más por hectárea, y deje de extenderse hacia los ecosistemas naturales que soportan estas tierras. El tercer factor es la voluntad de los consumidores, especialmente en los países ricos, para cambiar a dietas más sustentables que nos permitan alimentar a la creciente población utilizando las tierras de cultivo ya existentes. También depende de nuestra capacidad de satisfacer la demanda de madera sólo con la producción de las plantaciones, en lugar de talar los bosques naturales. Una consideración adicional es el nivel de degradación de un paisaje y la medida en la que se requieren esfuerzos activos para su restauración (tales como plantado de árboles, manejo de incendios y el control de especies invasoras), que pueden resultar muy costosos.

Todavía no se conoce con exactitud cuánta tierra degradada existe a nivel mundial, a pesar de que los estudios sugieren que existen áreas muy grandes – algunas estimaciones llegan hasta dos mil millones de hectáreas. Además, necesitamos estimaciones más precisas del potencial de captación del carbono que surge de la restauración de diferentes tipos de ecosistemas, ya que esta información puede ser utilizada para incentivar a los gobiernos y los terratenientes. Es difícil calcular la cantidad de carbono que se puede almacenar en cualquier ecosistema, ya que cada uno tiene diferente capacidad natural de almacena-

Aerial view of forestry plantation on blanket bog | ▶
Vista aérea de una plantación forestal sobre un humedal
Forsinard, Caithness, Scotland, United Kingdom |
Forsinard, Caithness, Escocia, Reino Unido
PETER CAIRNS. 2020VISION. NATUREPL.COM

Restoring a degraded ecosystem, or regenerating it completely where it has been cleared, is much more challenging and expensive, if not impossible in the absence of at least some nearby healthy ecosystem remnant patches. Even small patches of habitat in good condition are critical as a seed bank for a broader landscape area that has been cleared and as habitat for seed dispersers such as birds, mammals, or tortoises. The approach promoted by large-scale connectivity conservation initiatives is therefore a key strategy as this prioritizes restoration efforts around buffering and reconnecting high-quality remnant natural ecosystem patches. Connectivity conservation provides a proven model for achieving effective long-term restoration capable of delivering multiple objectives for climate, biodiversity, and ecosystem integrity.

The extent to which we can achieve the mitigation potential from restoring and regenerating ecosystems globally depends on a number of variables. First, it hinges on the political will in governments to stop clearing and degrading ecosystems and a commitment to end and reverse subsidies for industrial extractive activities and infrastructure projects that convert and degrade ecosystems. Second, it depends on how efficient agriculture can become so that the agricultural sector is more productive per unit area and stops expanding into land supporting natural ecosystems. A third factor is the willingness of consumers, particularly in wealthy countries, to change to more sustainable diets so that we are able to feed a growing population using existing agricultural lands. It also depends on our ability to meet wood demand from plantations rather than natural forests. A further consideration is how degraded a landscape has become and the extent to which it requires active restoration efforts (such as tree planting, fire management, and controlling invasive species), which can be very expensive.

There is still considerable uncertainty around how much degraded land exists globally, though studies suggest there are very large areas available—some estimates as high as two billion hectares. We also

◀ *Ursus arctos*
Eurasian brown bear | Oso pardo euroasiático
Kuhmo, Finland | Kuhmo, Finlandia
STAFFAN WIDSTRAND. WILD WONDERS OF EUROPE

miento e historial de uso del suelo. Como resultado, no tenemos suficientes cálculos confiables para determinar su potencial en términos de Gigatoneladas. Sin embargo, esto no debería restringir la acción de las políticas, ya que el objetivo de una restauración ambiciosa de los ecosistemas es sumamente claro.

Creando consciencia sobre las soluciones naturales

Las diferentes estimaciones de este libro sugieren que al evitar el desmonte y la degradación de los ecosistemas, en combinación con la regeneración y restauración de los mismos y la capacidad de captación de los ecosistemas intactos, se lograría por lo menos contrarrestar el equivalente a la tercera parte de las emisiones antropogénicas anuales. Por supuesto que esto no es suficiente para resolver nuestra crisis del cambio climático. Para prevenir sus efectos catastróficos, tenemos que combinar la protección y la restauración de los ecosistemas con la reducción agresiva de las emisiones de gases de efecto invernadero que se generan por la quema de combustibles fósiles. Se sabe que los beneficios de mitigación que proporcionan los ecosistemas son absolutamente esenciales, no sólo porque esta mitigación es sustancial, sino porque también se puede lograr rápidamente y con un costo relativamente bajo. Dado que las emisiones de estos gases siguen aumentando alrededor del mundo, y que las soluciones tecnológicas son caras, la mitigación a través de los ecosistemas es profundamente importante. *De hecho, es extremadamente improbable que podamos evitar un calentamiento catastrófico a menos que hagamos uso pleno de la capacidad de mitigación que se puede obtener mediante la protección y restauración de los ecosistemas naturales.*

Las crisis de biodiversidad y cambio climático están tan íntimamente ligadas que la conservación de la biodiversidad y la mitigación del cambio climático son las dos caras de una misma moneda cuando hablamos del uso de suelo. Uno de los postulados centrales de este libro es que ambas crisis no sólo se deben resolver, sino que deben solucionarse de manera conjunta. Sin embargo, es muy pobre el entendimiento y la consciencia que se tiene de que las soluciones a las crisis de biodiversidad y del cambio climático estén tan íntimamente ligadas. El Convenio sobre Diversidad Biológica (CDB) de las Naciones Unidas, encargada de resolver la crisis de la biodiversidad, considera a la mitigación del cambio climático como un beneficio colateral a la conservación de la biodiversidad.

Oldgrowth forest with tall eucalypts | ▶
Bosque maduro con altos eucaliptos
Styx Valley, Tasmania | Valle de Styx, Tasmania
ROB BLAKERS

need more precise estimates of the carbon sequestration potential of restoring different ecosystem types as this information can be used to incentivize governments and landowners. How much carbon can be stored in any given ecosystem is difficult to assess because ecosystems vary in their natural carbon-carrying capacity and land use history. As a result, there is a dearth of reliable modeling estimates of the potential in gigaton terms. This should not constrain policy action, however, as the case for ambitious ecosystem restoration is abundantly clear.

Raising awareness of natural solutions

The various estimates in this book suggest that avoiding the clearing and degradation of ecosystems, combined with regenerating and restoring ecosystems and the sink value of undisturbed ecosystems, amount to at least one-third of annual, global anthropogenic emissions. This is, of course, not enough to solve our climate change crisis; we must combine protection and restoration of ecosystems with aggressive reductions of greenhouse gas emissions from fossil fuel burning to avert catastrophic climate change impacts. However, the mitigation benefits ecosystems provide are nonetheless essential, not only because this mitigation is substantial, but also because it can be achieved quickly at relatively low cost. Given greenhouse gas emissions are still rising globally and that technological fixes are expensive, ecosystem mitigation is profoundly important. *In fact, it is extremely unlikely that we can avoid catastrophic warming unless we make full use of the mitigation value to be gained from protecting and restoring natural ecosystems.*

The biodiversity and climate change crises are so closely intertwined that, in so far as land use is concerned, biodiversity conservation and climate change mitigation are very much two sides of the same coin. A central tenet of this book is that both crises must not only be solved, but they must necessarily be solved together. However, the current level of understanding and awareness that the solutions to the biodiversity and climate change crises are so closely coupled is still too low. In the Convention on Biological Diversity (CBD), the United Nations convention charged with solving the biodiversity crisis, climate change mitigation is viewed as a "co-benefit" of biodiversity conservation. Similarly, in the UNFCCC, biodiversity is regarded as a co-benefit of land use mitigation, as if these co-benefits were somehow coincidental and of secondary

De igual manera, en la CMNUCC, la biodiversidad es vista como un beneficio colateral de la mitigación del uso del suelo; como si estos dos beneficios colaterales fueran una mera coincidencia y de importancia secundaria. Mientras continuemos aplicando enfoques reduccionistas para lidiar con estas crisis en diferentes foros de las Naciones Unidas y en procesos de negociación por separado, corremos el riesgo de fracasar en ambos.

Este libro se enfoca en las conexiones fundamentales que existen entre los ecosistemas naturales y el cambio climático, y en el papel que desempeñan los ecosistemas en la absorción y almacenamiento de carbono a largo plazo. Mucha de la discusión introductoria se enfoca en los bosques, donde se preservan las reservas de carbono terrestre más grandes, y en donde se encuentra el mayor potencial para restaurar espacios degradados o evitar su degradación. Sin embargo, los valores de mitigación y la biodiversidad de otros tipos de ecosistemas también son vitales y los tocaremos en los siguientes capítulos a través de fragmentos que tratan sobre la mitigación en los ecosistemas de permafrost, turberas, pastizales, humedales, manglares, pastizales marinos y océanos.

Bosques

Los bosques merecen una atención especial porque cubren casi el 30% de la superficie terrestre del planeta — cerca de cuatro mil millones de hectáreas (menor en casi una tercera parte de las seis mil millones de hectáreas que existieron hacia el final de la última glaciación, antes de la era agrícola). Como ya se mencionó, a nivel global los bosques almacenan cantidades importantes de carbono, especialmente donde se dan sobre suelos ricos en carbono, como turberas y humedales. También albergan a la mayoría de las especies de plantas y animales terrestres del planeta, donde tan solo los bosques tropicales contienen por lo menos dos terceras partes de la biodiversidad terrestre y probablemente hasta el 90%. Los bosques también son críticos para la biodiversidad dulceacuícola, ya que ayudan a regular y mantener las condiciones ambientales acuáticas y los recursos relacionados que requieren sus comunidades ecológicas.

Casi 862 GtC están almacenadas en los bosques, distribuidas en tres biomas forestales: aproximadamente el 55% se presentan en los

importance. As long as we continue to apply a "silo" approach that addresses each crisis in separate UN venues with separate negotiations processes, we risk failing both.

This book focuses on the fundamental connections between natural ecosystems and climate change and the roles natural ecosystems play in the sequestration and long-term storage of carbon. Much of this introductory discussion focuses on forests, where the largest terrestrial carbon stocks are protected and where the greatest overall potential for avoiding degradation and restoring what has been degraded can be found. However, the mitigation and biodiversity values of other ecosystem types are also critical, and we address them in the chapters that follow via short summaries on ecosystem mitigation for permafrost, peatlands, grasslands, wetlands, mangroves, seagrasses, and oceans.

Forests

Forests deserve special attention because they cover about 30% of the Earth's terrestrial surface—some four billion hectares (reduced by about one-third, from around six billion hectares at the end of the last ice age, before the onset of the agricultural era). As noted, they store globally significant stocks of carbon, especially where they occur with carbon-rich soils, peatlands, or wetlands. They also contain most of the planet's terrestrial plant and animal species, with tropical forests alone containing at least two-thirds of terrestrial biodiversity and possibly as much as 90%. Forests are also critical to freshwater biodiversity as they help regulate and maintain the aquatic environmental conditions and related habitat resources their ecological communities require.

The roughly 862 Gt C stored in forests is distributed among the three major forest biomes: approximately 55% occurs in tropical forests; 32% in boreal forests; and 14% in temperate forests (Pan *et al.*, 2011). In all forest biomes, approximately two-thirds of the organic carbon is found in living biomass (mostly trees), while approximately one-third is found in dead biomass and roots. Forest ecosystems also support equally substantial soil carbon stocks. Below-ground carbon stocks are particularly dense in boreal forests due to the wet conditions and low temperatures (which prevent organic matter from decaying) and in tropical peatland forests.

bosques tropicales; 32% en los bosques boreales y el 14% en los bosques templados (Pan *et al.*, 2011). En todos los biomas forestales, aproximadamente dos terceras partes del carbono orgánico se encuentra en la biomasa viva (en su mayoría árboles), mientras que aproximadamente una tercera parte está en la biomasa muerta y en las raíces. Los ecosistemas forestales también mantienen reservas de carbono en el suelo que son igualmente importantes. Las reservas de carbono del subsuelo son especialmente densas en los bosques boreales debido a las condiciones húmedas y las bajas temperaturas (que evitan que la materia orgánica se descomponga), y en los bosques tropicales de turbera.

En los bosques primarios, donde naturalmente las reservas de carbono son más grandes que en los bosques talados o degradados, la densidad del carbono del bosque primario (toneladas de carbono por hectárea = tC ha^{-1}) varía dependiendo del tipo de bosque. Por ejemplo, la densidad del carbono de la biomasa promedio (biomasa viva y muerta, más raíces) se calcula en 250 tC ha^{-1} para las selvas tropicales, 498 tC ha^{-1} para los bosques húmedos y moderadamente cálidos, 642 tC ha^{-1} para los bosques húmedos moderadamente fríos, y 97 tC ha^{-1} para los bosques boreales húmedos.

Sin embargo, cuando se considera el total del carbono del ecosistema incluyendo el carbono del subsuelo, el panorama cambia drásticamente. Los ecosistemas boscosos de la región boreal tienen las más altas densidades de carbono, con igual cantidad de carbono debajo de la superficie que la que se encuentra en la biomasa viva de las selvas tropicales y bosques templados. En los lugares donde los bosques se traslapan con las turberas (más frecuentemente en los trópicos o en los bosques boreales), la reserva de carbono del ecosistema aumenta en gran medida. Las estimaciones recientes para el bioma de bosque boreal sugieren que la reserva total de carbono del ecosistema, incluyendo la biomasa viva y muerta (esencialmente madera muerta) más el carbono del suelo, probablemente sea mayor que la reserva de carbono de otros biomas forestales; sugiriendo que la cantidad total de 862 Gt C de las reservas de los bosques esté subestimada.

La presente introducción se concentra en los bosques tropicales, especialmente en los primarios, ya que estos combinan una variedad única de características y circunstancias. Son los que contienen la reserva total de carbono más grande en la biomasa y por mucho tienen

la mayor biodiversidad terrestre y dulceacuícola del planeta. A nivel mundial, también se enfrentan a las mayores amenazas relacionadas con el cambio de uso del suelo, con 5.5. millones de hectáreas de deforestación al año y un área mucho mayor que se está degradando. Además, debido a sus altos niveles de complejidad ecológica y la necesidad de mantener un dosel cerrado para preservar la integridad del ecosistema, son altamente sensibles a las perturbaciones causadas por los humanos.

Bosques Tropicales

Reservas y sumideros

Las reservas de carbono en la biomasa de los bosques tropicales pueden variar y pueden alcanzar hasta las 250t C por hectárea, ya que hay una gran variedad de tipos de bosques que se encuentran dentro y entre los continentes. Poniendo esto en perspectiva, hay más carbono en los bosques tropicales primarios existentes, que en el resto del balance global de carbono que se necesita para limitar el calentamiento al umbral de 1.5 °C. Sin embargo, las reservas de carbono en un bosque natural se reducen con la tala, ya que mucho del carbono de la biomasa se almacena en los árboles de dosel extensos y maduros. Incluso, al talar un bosque tropical primario por primera vez se reducirá su reserva de carbono de biomasa viva en casi 35%. Las reservas de carbono de los bosques de plantación son mucho menores que las de los bosques tropicales primarios, porque se pretende que los árboles tengan una vida relativamente corta antes de ser talados nuevamente. Estos hechos ayudan a explicar por qué proteger los bosques primarios para evitar las emisiones y permitir que los bosques talados vuelvan a crecer de manera natural, son acciones tan importantes para mitigar del clima.

Como se mencionó antes, además del valor de mitigación que tienen las reservas de carbono de estos ecosistemas, los bosques tropicales primarios actúan también como sumideros activos de carbono.

◄ Temperate rainforest, Fjordland National Park, New Zealand | Bosque templado, Parque Nacional de Fiorland, Nueva Zelanda
THOMAS MARENT. NATUREPL.COM

In primary forests, where carbon stocks are naturally higher than in logged or otherwise degraded forests, the density of primary forest carbon (tons of carbon per hectare = $tC\ ha^{-1}$) varies with the forest type. For example, the average biomass carbon density (living and dead biomass plus roots) is estimated around 250 $tC\ ha^{-1}$ for tropical moist forest, 498 $tC\ ha^{-1}$ for warm temperate moist forest, 642 $tC\ ha^{-1}$ for cool temperate moist forest, and 97 $tC\ ha^{-1}$ for boreal moist forest.

However, when total ecosystem carbon is considered inclusive of below-ground soil carbon, the picture changes dramatically; boreal region forest ecosystems have the highest carbon densities, with as much carbon below ground as that found in the living biomass of tropical and temperate forests. Where forests overlap with peatlands (most often in the tropics or in boreal forests), the total ecosystem carbon stock increases greatly. Recent estimates for the boreal forest biome suggest that the total ecosystem stock of carbon, including living and dead biomass (essentially deadwood) plus soil carbon, is likely larger than the carbon stock of the other forest biomes, suggesting that the figure of 862 Gt C of total carbon stock in forests is probably an underestimate.

This introduction focuses on tropical forests, particularly primary tropical forests, because tropical forests combine a number of unique characteristics and circumstances. They are the forests with the largest overall biomass carbon stock, and they have by far the highest terrestrial and freshwater biodiversity on Earth. They are also under the highest levels of land use-related threats globally, facing about 5.5 million hectares of deforestation a year, and a much larger area being degraded. And because of their high levels of ecological complexity—and the need to maintain a closed canopy to maintain their ecosystem integrity—they are highly sensitive to human disturbances.

Tropical Forests

Stocks and sinks

The biomass carbon stocks of tropical forest vary as there is an array of forest types found within and between the continents that range up to 250t C per hectare. To put this in perspective, there is more carbon in the world's remaining primary tropical forests than the remaining global carbon budget to limit global warming to the 1.5° C threshold.

Todavía no se tiene la certeza de cuánto carbono absorben precisamente, y las estimaciones oscilan entre 0.5 y 1.3 Gt C al año. Sin embargo, incluso 500 millones de toneladas representan sólo el 4% de las emisiones anuales de carbono. Existe evidencia de que la continua degradación, aunada a un clima más cálido, están debilitando estos sumideros en regiones tropicales claves, tales como el Amazonas Oriental. A pesar de esto, y contrario a las creencias arraigadas de que los bosques tropicales son neutrales en carbono, las nuevas evidencias confirman que los bosques tropicales sí representan un sumidero al considerarlos en su conjunto, y que los árboles maduros siguen absorbiendo carbono durante toda su vida.

El nexo carbono-biodiversidad

La razón de que los bosques tropicales primarios contengan mucho más carbono que los bosques degradados tiene que ver con la integridad de los ecosistemas. Primeramente, los bosques tropicales primarios almacenan más carbono porque aún conservan árboles grandes y viejos. Estos almacenan una alta proporción del carbono de un bosque tropical, a pesar de que se presenten en una densidad muy baja por hectárea. Pueden haber hasta 10,000 o más árboles en una hectárea cualquiera de bosque tropical, pero sólo unas cuantas docenas son muy grandes. Sin embargo, estos grandes árboles concentran entre una cuarta parte y la mitad del carbono de la biomasa de un bosque tropical primario. En su mayoría, estas son especies de madera dura que toleran la sombra y crecen lentamente debajo del dosel selvático, donde pueden pasar cientos de años para que lleguen a la luz solar y alcancen la madurez. Estos gigantes absorben carbono durante toda su vida (que en algunos casos es de más de 1,000 años), con un gran porcentaje durante el último tercio de su vida.

Sequoia National Park, California, USA | ▶
Parque Nacional de las Secuoyas, California, EUA

JOHN EASTCOTT AND YVA MOMATIUK. NATIONAL GEOGRAPHIC IMAGE COLLECTION

FOLLOWING PAGES | PÁGINAS SIGUIENTES
Manu National Park, Peru | Parque Nacional de Manu, Perú ▼
FRANS LANTING

However, the stocks of carbon in a natural forest are reduced when it is logged as so much of the biomass carbon is stored in large, old, canopy trees. Even logging a primary tropical forest once will reduce its living biomass carbon stock by around 35%. The carbon stocks of plantation forests are also far less than a primary tropical forest because the trees are intended to have a relatively short life before being logged. These facts help explain why avoiding emissions by protecting primary forests and allowing logged forests to naturally regrow are such important climate mitigation actions.

As previously noted, in addition to the mitigation value of their ecosystem carbon stocks, primary tropical forests are also an active carbon sink. There is still some uncertainty around precisely how much carbon they absorb, with estimates ranging from roughly 0.5–1.3 half a billion tons per year. However, even half a billion tons represents about 4% of annual global carbon emissions. There is some evidence that continued degradation and a warming climate is weakening this sink in key tropical regions such as the eastern Amazon. Nonetheless, contrary to long-standing beliefs that primary tropical forests were carbon neutral, new evidence confirms that in aggregate, primary tropical forests do act as a sink and that old trees continue to absorb carbon throughout their lifetimes.

The carbon–biodiversity nexus

The reasons primary tropical forests contain so much more carbon than degraded forests have everything to do with ecosystem integrity. First and foremost, primary tropical forests store more carbon because they retain their large, old trees which store a high proportion of the carbon in a tropical forest, even though they occur at very low densities per hectare. There may be as many as 10,000 trees or more in any given hectare of tropical forest, but only a few dozen of which are very large. These large trees nonetheless concentrate between one-quarter and approximately half of the biomass carbon in a primary tropical forest. For the most part, they are shade-tolerant hardwood species

◂ *Ceiba pentandra*
Kapoks, Marañon River, Peru | Ceibas, Río Marañón, Perú
ART WOLFE

Muchos de estos árboles grandes han evolucionado para depender de algunas especies forestales específicas para regenerarse. Por ejemplo, los árboles dispersan sus semillas cuando un ave, mamífero o tortuga se come sus frutos y deposita las semillas en algún otro punto del bosque; o dependen de un ave, murciélago o insecto para su polinización. Con la ausencia de estos dispersores o polinizadores (muchas veces debido a la caza excesiva facilitada por caminos de taladores), es posible que ciertas maderas duras ya no se regeneren y se reduzca la biomasa del bosque.

¿Qué tan importante es este problema? Es potencialmente devastador. En la cuenca del Congo por ejemplo, la vida silvestre de muchos bosques está tan mermada por la caza que los científicos han acuñado la frase de "síndrome del bosque vacío" para describir esta condición. La ausencia de animales que dispersen las semillas a lo largo de los bosques puede reducir dramáticamente el número de especies de madera dura en África y en consecuencia reducir los valores de carbono, a medida que esas especies de madera dura son sustituidas por especies de corta duración y bajo carbono. Los hallazgos en la cuenca del Amazonas ilustran este problema: un estudio reciente encontró que sólo el 1.4% de las especies de árboles del Amazonas contienen y capturan casi el 50% del carbono (principalmente las especies de lento crecimiento y larga vida que son tan codiciadas por las compañías madereras por su fibra densa). Eliminar los dispersores de semillas de estas especies podría tener un impacto desastroso sobre el carbono forestal. Lo que es más, muchos de los dispersores más importantes de estos árboles de madera dura, incluyendo los grandes monos frugívoros, aves frugívoras, tapires, e incluso tortugas terrestres, usualmente son los primeros en ser cazados cuando los caminos madereros y a menudo los mismos campamentos, proporcionan el acceso a los cazadores.

El nivel más alto de biodiversidad que tiene un bosque tropical primario, comparado con un bosque degradado similar, también permite que el ecosistema sea biológicamente más productivo. Estudios recientes muestran que la diversidad de los mamíferos y árboles está directamente relacionada con el alto contenido de carbono en el suelo; y una mayor diversidad de árboles también está relacionada con niveles más altos de carbono por árbol. En parte, esto parece estar en función de los animales que se alimentan y redistribuyen los nutrientes dentro del bosque.

◀ *Leptoptilos crumenifer, Quelea quelea, Plectropterus gambensis*
Marabou stork, Red-billed quelea, Spur-winged goose |
Marabú africano, quelea de pico rojo y ganso espolonado
Central Africa | África Central
ART WOLFE

Gorilla beringei beringei ▶
Gorilla | Gorila
Volcanoes, Rwanda, Africa | Volcanes Vitunga, Ruanda, África
CRISTINA MITTERMEIER. NATIONAL GEOGRAPHIC IMAGE COLLECTION

that grow slowly under the forest canopy, where they can take hundreds of years to work their way up to the sunlight and reach maturity. These giants absorb carbon throughout their lifetimes (in some cases, well over 1,000 years), including a large percentage of their carbon in the last third of their lives.

Many of these big trees have evolved to depend on specific forest animal species to regenerate. For example, they disperse their seeds by relying on a particular bird, mammal, or tortoise to eat their fruit and deposit the seed elsewhere in the forest, or they rely on a bird, bat, or insect for pollination. In the absence of these seed dispersers or pollinators (often because of overhunting facilitated by logging roads into previously inaccessible areas), certain hardwood species may not regenerate, which can lead to reductions in the biomass of the forest.

How significant is this problem? It is potentially devastating. In the Congo Basin, for example, many forests have been so depleted of wildlife by hunting that scientists coined the term "empty forest syndrome" to describe this condition. The absence of animals to spread seeds around the forest may dramatically lower the number of hardwood species in Africa, consequently lowering carbon values as those hardwood species are replaced by short-lived, low-carbon species. Findings in the Amazon Basin further illustrate the problem: a recent study found that only 1.4% of the tree species in the Amazon—mainly the slow, growing, long-lived hardwood species that are also so highly coveted by logging companies for their dense timber—contain and capture about 50% of the carbon. Removing the seed dispersers for these hardwoods could therefore have disastrous impacts on forest carbon. What's more, many of the most important dispersers of these hardwoods, including large frugivorous monkeys, large frugivorous birds, tapirs, and even forest floor tortoises are usually the first species to be hunted out when logging roads provide access to hunters, very often including the logging camps themselves.

The higher levels of biodiversity in a primary tropical forest relative to degraded forests of the same type also have the effect of making the ecosystem more biologically productive. Recent studies show that mammal and tree diversity are positively correlated with high soil carbon content, and higher tree diversity is also correlated with higher carbon levels per tree. In part, this appears to be a function of animals feeding and redistributing nutrients throughout the forest.

Las altas tasas de biodiversidad de los bosques primarios también ayudan a garantizar que éstos sean más resilientes y puedan recuperarse mejor de los trastornos que los mismos bosques degradados o las plantaciones. La diversidad entre y dentro de las especies de plantas, animales, hongos y microorganismos que se encuentran en los bosques primarios, proporcionan una amplia variedad de características y ciclos de vida que han evolucionado para ajustarse a las condiciones prevalentes, y sobre la cual la selección natural se puede apuntalar para adaptarse a las nuevas circunstancias.

En un bosque tropical primario, las enormes copas de los árboles grandes y viejos se entretejen formando un dosel cerrado, creando las condiciones microclimáticas que son características del "bosque interior". Esto genera niveles de humedad más altos y temperaturas más bajas que las que se tienen por encima del dosel, ayudando a amortiguar los eventos de clima extremo como la sequía y haciendo que los ecosistemas sean más resistentes ante los incendios. Esta es la principal razón por la que los bosques tropicales primarios son más estables y generalmente no se queman, incluso durante las sequías. El dosel cerrado también puede ayudar a proteger al bosque de daños por vientos y tormentas.

Por ende, proteger los bosques tropicales primarios y mantenerlos lejos del impacto de la actividad industrial, debería ser una prioridad primordial en la estrategia de mitigación en el rubro de bosques y uso del suelo. Estos bosques protegen las reservas más grandes de carbono de la Tierra y son una inversión de "bajo-riesgo" en términos de la mitigación del carbono forestal, debido a su mayor estabilidad y resiliencia comparadas con los bosques talados, de alguna manera degradados, o las plantaciones. Estas características, combinadas con el hecho de que los bosques tropicales primarios proporcionan un refugio esencial para la biodiversidad, los bancos de semillas y los dispersores que se necesitan en los esfuerzos de restauración ecológica, tienen profundas implicaciones en las políticas de restauración que exploraremos más adelante.

Lowland dipterocarp rainforest, Borneo, Indonesia | ▶
Bosque tropical de dipterocarpus en las tierras bajas, Borneo, Indonesia
TIM LAMAN

High levels of biodiversity also help ensure that primary forests are more resilient to and better able to recover from disturbances than degraded forests or plantations. The diversity between and within species of plant, animal, fungi, and microorganisms found in primary forests provides a rich menu of life history traits that have evolved to match prevailing conditions and which natural selection can draw upon in adapting to new circumstances.

In a primary tropical forest, the huge crowns of big, old trees overlap and maintain a closed canopy, creating the microclimatic conditions characteristic of a "forest interior." The result is higher humidity levels and lower temperatures than above the canopy, which also serve to buffer the ecosystem from extreme weather events (such as drought) and render them more resistant to fire. This is the main reason why primary tropical forests are more stable; they generally do not burn, even during a drought. The closed canopy also helps protect the forest from wind and storm damage.

Thus, protecting primary tropical forests and keeping them undisturbed by industrial activity should be an overriding priority as a mitigation strategy in the context of forests and land use mitigation. They protect the largest overall carbon stocks on Earth and are a "low-risk" investment in terms of forest carbon mitigation given their greater stability and resilience compared to logged, otherwise degraded, and plantation forests. These characteristics, combined with the fact that primary tropical forests provide essential refugia for biodiversity as well as the seed bank and the seed dispersers necessary for ecological restoration efforts, have profound implications for restoration policy, explored further below.

◄ *Pongo pygmaeus*
Bornean orangutan | Orangután de Borneo
Borneo, Indonesia | Borneo, Indonesia
TIM LAMAN

FOLLOWING PAGES | PÁGINAS SIGUIENTES
▼ *Ara chloropterus*
Red and green macaw | Guacamaya roja y verde
Buraco das Araras, Jardim, Mato Grosso South, Brazil |
Hueco de las Guacamayas, Jardim, Mato Grosso Sur, Brasil
NICK GARBUTT. NATUREPL.COM

Emisiones por la degradación tropical

Gran parte de las 0.8-0.9 Gigatoneladas de carbono liberado por la degradación proviene de los trópicos, donde las tasas de deforestación son muy altas. Es difícil contestar a la pregunta de cuánto carbono se emite por la degradación de los bosques, y específicamente cuánta de esta degradación proviene de los bosques tropicales primarios, ya que es difícil medir la degradación y las estimaciones son muy variables, como se mencionó previamente. Como mínimo, podemos decir que las emisiones de la degradación son equiparables, si no es que mayores a las emisiones de la deforestación.

Por hectárea, la deforestación genera emisiones mucho más altas. Pero como el área de los trópicos que se está degradando es muy grande en comparación con la que se está desmontando, el impacto acumulado de la degradación es importante. Para ilustrar este punto, al mismo tiempo que perdemos por lo menos 5.5 millones de hectáreas de bosque tropical cada año, según la Organización de las Naciones Unidas para la Alimentación y Agricultura, FAO, existen casi 545 millones de hectáreas de bosques tropicales concesionadas a compañías madereras en las regiones donde se están degradando los bosques (y ciertamente son estimaciones bajas, ya que se basan en auto-reportes que los gobiernos entregan a la FAO, y algunos gobiernos ni siquiera los emiten). La agricultura de roza y quema también contribuye a las emisiones por degradación, especialmente cuando esta forma tradicional de cultivo se extiende más allá de los paisajes que usualmente se habían destinado a la agricultura y se adentra en los bosques primarios debido a las presiones de la modernización. Como resultado, las emisiones que genera la degradación tropical son muy altas y eliminarlas donde sea posible podría proporcionar beneficios importantes de mitigación.

Desafortunadamente, con frecuencia se pasan por alto las grandes emisiones que genera la degradación forestal, probablemente porque las autoridades responsables de las políticas asumen que la tala es neutral para el carbono y la biodiversidad. Claramente, este no es el caso, pero pocas autoridades, si es que algunas, toman en cuenta el potencial de captación que surge de retirar los bosques naturales de la producción maderera para permitirles recuperar su biodiversidad, integridad de ecosistema y reservas naturales de carbono.

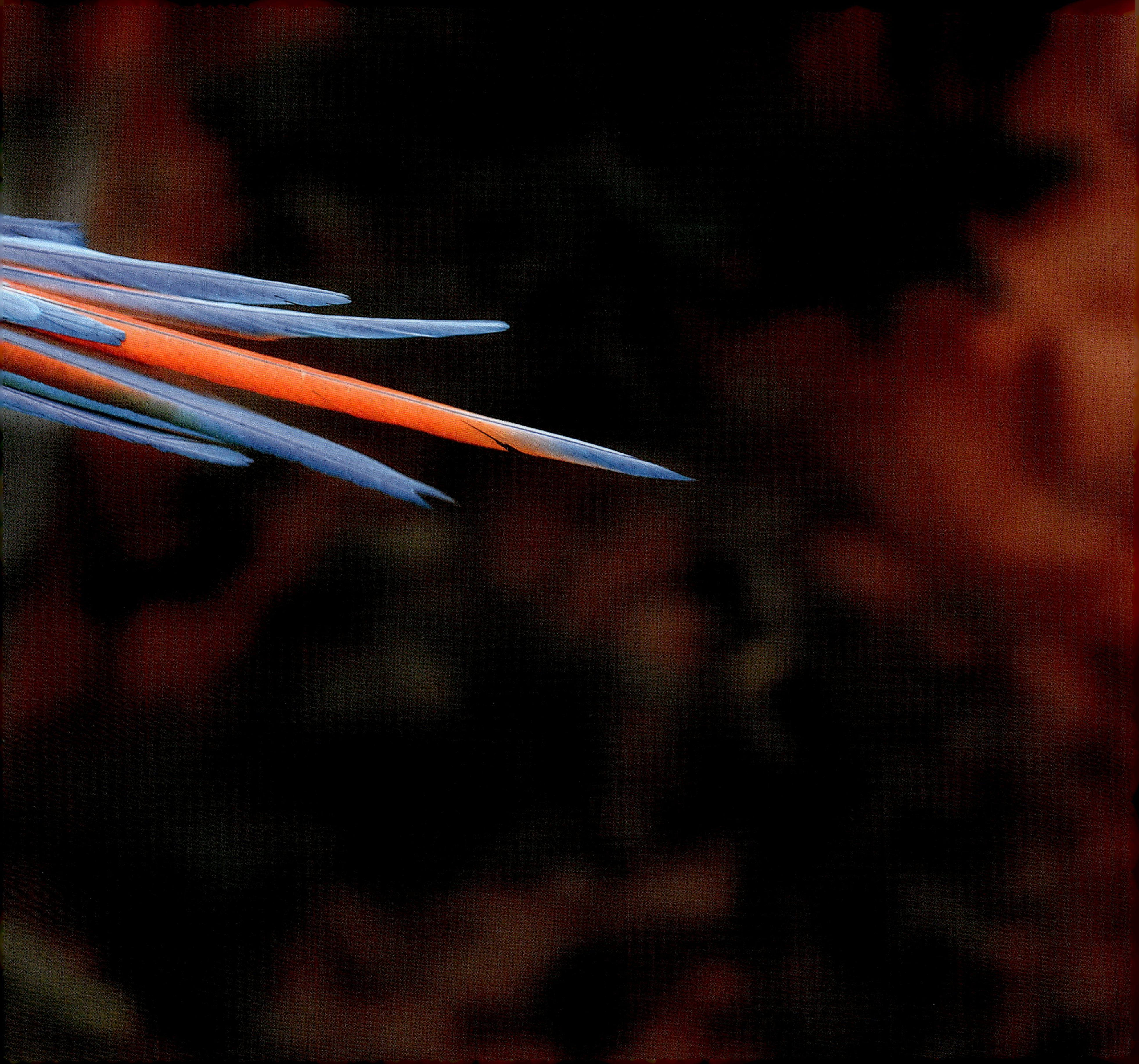

◄ *Nothofagus cunninghamii*
Ancient myrtle rainforest | Bosque maduro de arrayán
Tarkine, Tasmania | Tarkine, Tasmania
ROB BLAKERS

Emissions from tropical degradation

Much of the 0.8–0.9 gigatons of carbon released from deforestation comes from the tropics, where deforestation rates are very high. How much carbon is emitted from degradation of forests, and specifically, how much of this degradation comes from primary tropical forests, is difficult to answer because, as mentioned above, degradation is difficult to measure and estimates are variable. At the very least, we can say that emissions from degradation are comparable to, if not even higher, than emissions from deforestation.

Per hectare, deforestation results in much higher emissions. But as the area being degraded in the tropics is very large relative to the area being cleared, the cumulative impact of degradation is significant. To illustrate this point, while we lose at least 5.5 million hectares of tropical forest a year according to the FAO (an admittedly low estimate as it involves self-reporting from governments to the FAO, and some governments don't report at all), there are about 545 million hectares of tropical forest in timber concessions where forests are being degraded. Slash and burn agriculture makes an additional contribution in terms of degradation emissions, especially when, due to the pressure of modernization, this traditional form of gardening is expanded outside of traditionally farmed landscapes and into primary forests. As a result, emissions from tropical degradation are high, and eliminating these emissions wherever possible can provide major mitigation benefits.

Unfortunately, the large emissions from forest degradation are often overlooked, possibly because policymakers assume logging is carbon and biodiversity neutral. This is patently not the case, but few (if any) policymakers look at the sequestration potential of withdrawing natural forests from wood production to allow recovery of their biodiversity, ecosystem integrity, and natural carbon stocks.

Forest restoration

As the high rates of forest clearing and degradation in the tropics imply, there is great potential for restoring forests where they have been degraded and for regenerating forest where it has been cleared completely. The Bonn Challenge, an initiative launched by Germany and the International Union for Conservation of Nature in 2011, calls for 150 million hectares of forest restoration by 2020 (revised in 2014 to 350 million hectares of restoration by 2030) and looks to governments

Restauración forestal

Tal como lo sugieren las altas tasas de desmonte forestal y la degradación de las zonas tropicales, existe un gran potencial para restaurar bosques que han sido degradados y para regenerar bosques que han sido completamente desmontados. El Desafío de Bonn, una iniciativa lanzada por Alemania y la Unión Internacional para la Conservación de la Naturaleza en el 2011, pide la restauración forestal de 150 millones de hectáreas para el 2020 (revisada en el 2014 a 350 millones de hectáreas para el 2030), y busca que los gobiernos y el sector privado se comprometan con estos objetivos (http://www.bonnchallenge.org/). Hasta la fecha, se han comprometido cerca de 170 millones de hectáreas, principalmente por parte de los gobiernos. La Meta 15 de Aichi de la CDB también incluye metas de restauración, pidiendo que se restaure el 15% de los ecosistemas degradados de todo el mundo (cerca de 300 millones de hectáreas), suponiendo que hay cerca de 2 mil millones de hectáreas de tierras degradadas en el mundo. De manera similar, el punto 15.3 de la Meta de Desarrollo Sustentable No. 15 (MDS) de la Asamblea General de las Naciones Unidas requiere que las naciones "para el 2030, combatan la desertificación, restauren la tierra y suelos degradados, incluyendo la tierra afectada por la desertificación, sequías e inundaciones, y luchen por lograr un mundo con nula degradación de la tierra".

Sin embargo, el término "restauración" conlleva a la siguiente pregunta: ¿restauración de qué tipo de bosque y para qué tipo de uso del suelo? La restauración no está definida específicamente para estos mecanismos multilaterales, pero parece que la preferencia clara está en los enfoques de plantaciones y la restauración de paisajes forestales (RPF) (http://www.bonnchallenge.org/content/forest-landscape-restoration). La RPF tiende a centrarse en un enfoque mixto de usos del suelo: una mezcla de plantaciones, tierras agroforestales, sembrado de árboles en tierras agrícolas y bosques de ribera a lo largo de ríos y arroyos, en lugar de restaurar y regenerar bosques con el propósito de crear

Fagus sylvatica ▶
European beech | Árbol de haya europeo
Nienghagen, Mecklenburg-Western Pomerania, Germany |
Nienghagen, Mecklenburg, Pomerania Occidental, Alemania
SANDRA BARTOCHA

and the private sector to make pledges towards these objectives (http://www.bonnchallenge.org/). To date, about 170 million hectares have been pledged, mostly by governments. The CBD's Aichi Target 15 also includes restoration targets, calling for restoring 15% of degraded ecosystems around the world—about 300 million hectares (assuming about two billion hectares of degraded lands globally). Similarly, Target 15.3 of the United Nations General Assembly's Sustainable Development Goal (SDG) 15 requires that the nations "[b]y 2030, combat desertification, restore degraded land and soil, including land affected by desertification, drought and floods, and strive to achieve a land degradation-neutral world."

However, the term "restoration" begs the question "restoration to what kind of forest and for what type of land use?" Restoration is not specifically defined in these multilateral mechanisms, but the preference clearly seems to be for plantations and the Forest Landscape Restoration (FLR) approach (http://www.bonnchallenge.org/content/forest-landscape-restoration). FLR tends to focus on a mosaic of land uses: a mix of plantations, agroforestry, tree plantings on agricultural land, and gallery forests along rivers and streams, rather than restoring and regenerating forests with the goal of creating large-scale areas of contiguous natural forests and working towards conservation corridors. Thus, the goal of FLR is principally to restore land to agricultural productivity rather than to achieve ecological restoration through natural forests (i.e., restoring degraded forests and allowing natural forest ecosystems to grow back).

But FLR provides far lower mitigation benefits than natural forests (and much higher risks) because plantations and agroforestry hold less carbon than fully-functioning and ecologically healthy primary forests and are far more vulnerable to loss from pests, disease, drought, and fire. By definition, plantations and agroforestry schemes are regularly harvested, and sometimes also thinned between harvests, so whatever

◂ Australian Koala Foundation's habitat restoration program | Programa de restauración del hábitat de la Australian Koala Foundation
Queensland, Australia | Queensland, Australia
SUZI ESZTERHAS. MINDEN PICTURES

áreas forestales naturales continuas a gran escala, y trabajar en la conservación de corredores. Por lo tanto, la meta de la RPF es restaurar principalmente las tierras para la productividad agrícola, en lugar de lograr la restauración ecológica a través de los bosques naturales (es decir, restaurar los bosques degradados y permitir que vuelvan a crecer los ecosistemas de los bosques naturales).

Pero la RPF proporciona beneficios de mitigación mucho menores que los bosques naturales (a un riesgo mucho mayor), porque las plantaciones y las tierras agroforestales almacenan menos carbono que un bosque natural primario totalmente funcional y ecológicamente sano; y son mucho más vulnerables a las pérdidas debido a plagas, enfermedades, sequía e incendios. Por definición, los esquemas de plantaciones y la agrosilvicultura tienen cosechas regulares y algunas veces se hacen podas entre cosechas, así que cualquier reserva que puedan captar antes de la cosecha será liberada cuando se talen los árboles. A pesar de que se almacena algo del carbono en los productos de corta duración (2-35 años) con la madera talada de un área de plantación o de agrosilvicultura, sólo es una pequeña fracción del total de carbono de un árbol, y no se guarda durante suficiente tiempo para marcar una diferencia en el cambio climático. Además, las plantaciones o zonas agroforestales inevitablemente llevan a una pérdida neta de carbono cuando reemplazan a los bosques tropicales primarios, ya que la deuda de carbono en la que se incurre durante la tala nunca se vuelve a pagar. Las plantaciones sencillamente nunca llegarán a tener las reservas de carbono que se almacenaban en los bosques tropicales primarios que sustituyeron.

Una parte del reto para estas políticas es lograr un entendimiento más claro sobre los propósitos que tienen los diferentes tipos de bosque. Como se dijo anteriormente, las plantaciones tienen un "tiempo de residencia de carbono" más corto que el de los bosques primarios, por lo tanto, su papel como sumideros de carbono es limitado. Pero las plantaciones son fuentes importantes de madera y otros productos forestales porque reducen la presión de tala de los bosques naturales, siempre y cuando se establezcan y gestionen con base a principios ambientales sólidos (incluyendo la ubicación en tierras previamente desmontadas o terrenos degradados que no se usarían para otro fin).

Sin embargo, las plantaciones que se establecen para proporcionar biomasa para generar electricidad, o biocombustibles para el trans-

maximum carbon stock they may achieve prior to harvest is, in any case, released when the trees are cut down. While some of the carbon in wood logged from a plantation or agroforestry area may be stored in short-lived products (2–35 years), it is only a small fraction of the total carbon in a tree and is not long enough to make a difference to climate change. In addition, plantations or agroforestry inevitably result in a net loss of carbon when they replace a primary tropical forest because the carbon debt incurred from clearing the forest is never repaid. The plantation simply will never attain the carbon stocks that were once stored in the primary tropical forest it replaced.

One part of the policy challenge is to achieve a clearer understanding of the purposes of different types of forests. As noted above, plantations have a short "carbon residence time" relative to primary forests, and therefore, their role as carbon stores is limited. But plantations are important sources of timber and other wood products because when they are established and managed on sound environmental principles (including siting on previously cleared land and degraded lands that are not otherwise used), they reduce the pressure to log natural forests.

However, plantations established to provide biomass for electricity generation or biofuels for transportation are unequivocally unworkable from a mitigation standpoint because when burned, they emit more greenhouse gases into the atmosphere per unit of energy than coal. To counteract this problem, bioenergy with carbon capture and storage ("BECCS")—capturing the carbon emissions and then storing them underground, for example, in spent oil wells—has been proposed as an alternative. However, BECCS is a largely untested technology and the cavities proposed for storage will inevitably leak CO_2 back into the atmosphere.

Biofuels plantations also require large areas, extensive irrigation, and fertilizers, and BECCS is in direct competition with other land uses including food production, biodiversity conservation, and the longer-term and safer option of carbon storage in primary and other natural forests. Some countries have already identified areas of degraded natural forests for conversion to biofuel plantations instead of encouraging recovery to biodiverse, carbon-rich forests. Over one billion hectares of the most productive agricultural land (or alternatively, if food production was not displaced, the clearing of over half of the world's natural

porte, son absolutamente inviables desde el punto de vista de mitigación, porque cuando se queman emiten más gases de invernadero a la atmósfera que el carbón. Para contrarrestar este problema, se ha propuesto el uso de bioenergía con captura y almacenamiento de carbono como una alternativa (BECCS, por sus siglas en inglés). Esto significa capturar las emisiones de carbono y almacenarlas, por ejemplo, en el subsuelo de pozos petroleros agotados. Sin embargo, las BECCS en su mayoría no están comprobadas y las cavidades de almacenamiento que se proponen inevitablemente filtrarían CO_2 a la atmósfera.

Las plantaciones de biocombustibles requieren áreas grandes, además del uso extensivo de irrigación y fertilizantes, haciendo que las BECCS estén en competencia directa con otros usos del suelo, incluyendo la producción de alimentos, la conservación de la biodiversidad y el almacenamiento del carbono en los bosques primarios y de otros tipos, que sería la opción más segura a largo plazo. Algunos países ya han identificado áreas de bosques naturales degradados para convertirlos en plantaciones de biocombustibles, en lugar de fomentar la recuperación de bosques ricos en carbono que contengan biodiversidad. En algunas estrategias de las BECCS se ha sugerido usar más de mil millones de hectáreas de la tierra agrícola más productiva (o como alternativa, si no se ha desplazado la producción de alimentos, desmontar más de la mitad de los bosques naturales del mundo), llegando a la conclusión de que el uso a gran escala de BECCS no es un enfoque viable para alcanzar las metas del Acuerdo de Paris.

Dada la urgencia de la crisis climática y el plazo limitado que tenemos para responder, tendría sentido darle prioridad a las acciones que generen los mayores beneficios de mitigación con el menor riesgo. Esto significa enfocarnos en la mayor medida posible a proteger los bosques primarios y de otros tipos que aún existen, y aumentar sustancialmente la restauración ecológica. Al hacer esto, también se generarían beneficios de adaptación, especialmente para las comunidades locales y los pueblos originarios. La restauración ecológica permite que se recuperen los bosques degradados por la actividad industrial y

Fires set in Central Kalimantan Province, Borneo, Indonesia | ▶
Fuego provocado en la Provincia Central de Kalimantán, Borneo, Indonesia
TIM LAMAN

fomenta la regeneración natural donde los bosques se han desmontado completamente, permitiendo simplemente que los bosques se regeneren por sí mismos; o la regeneración asistida donde se requieren intervenciones adicionales que ayudan al bosque a retornar a su estado natural, tales como el control de malezas invasoras, prevención de incendios, siembra de árboles, etc.

Recuperación forestal después de la degradación

Por mucho, la opción de restauración más sencilla es permitir que los bosques existentes se recuperen, lo cual es factible suponiendo que las especies del bosque primario y los dispersores de semillas aún están presentes. El potencial de mitigación que genera la restauración de los bosques tropicales degradados a nivel global depende de: i) la extensión global de los bosques tropicales degradados; ii) qué tan degradado esté el bosque; iii) las tasas de captación de carbono que tiene un bosque en particular (que pueden variar según el tipo de bosque y condiciones locales, tales como la precipitación y tipo de suelo); y iv) la capacidad natural de carga de carbono que tengan los bosques en restauración, el cual también está determinado por las condiciones del clima y suelo, al igual que las características del ciclo de vida de las especies de árboles. Como se mencionó anteriormente, es difícil medir la extensión de la degradación de un bosque, ya que no se puede hacer fácilmente usando las mismas tecnologías de sensores remotos que se usan de manera muy efectiva para medir el desmonte de un bosque. Además, los bosques se pueden degradar como resultado de diferentes actividades y momentos, tales como la tala selectiva, la agricultura itinerante y la recolección de leña.

Sin embargo, se han llevado a cabo varios estudios que evalúan la recuperación después de la degradación a nivel global; y especialmente la degradación provocada por la tala comercial selectiva es un tema sobre el cual se han hecho numerosos análisis. La tala selectiva es una amenaza mayor, no sólo por la degradación que causa, sino también por sus efectos indirectos. Primeramente, por lo general se enfoca en

◂ Red mangrove reforestation in Mayabeque, Cuba |
Reforestación de mangle rojo en Mayabeque, Cuba
CLAUDIO CONTRERAS KOOB

forests) have been suggested in some BECCS strategies, leading to the conclusion that large-scale use of BECCS is not a viable approach to meeting Paris Agreement targets.

Given the urgency of the climate crisis and the limited time we have to respond, it makes sense to prioritize actions that generate the highest value and lowest risk mitigation benefits possible. This means focusing to the greatest extent possible on protecting existing primary and other natural forests and significantly increasing ecological restoration. Doing so would also provide adaptation benefits, especially for Indigenous and other local communities. Ecological restoration involves allowing forests degraded by industrial activity to recover and, where forests have been cleared completely, either encouraging natural regeneration, which simply involves allowing a forest ecosystem to regenerate on its own, or assisted regeneration, where additional interventions such as controlling invasive plants, fire prevention, and tree planting are required to help the forest come back.

Forest recovery after degradation

By far, the easiest restoration option is to allow an existing forest to recover, which is feasible assuming primary forest species are still present and their seed dispersers are as well. The mitigation potential of restoring degraded tropical forests globally depends on (i) the extent of degraded tropical forests globally, (ii) how degraded the forest is, (iii) the rates of carbon sequestration for a particular forest (which varies based on forest type and on local conditions such as precipitation and soil types), and (iv) the natural carbon-carrying capacity of the forests being restored, which is again determined by climate and soil conditions as well as the life history traits of the tree species. As mentioned, it is difficult to measure the extent of degradation in a forest as it cannot easily be done using the same remote sensing technologies that are used so effectively to assess forest clearing. In addition, forests can be degraded as a result of a range of activities, from selective logging, to swidden agriculture, to fuelwood gathering, and over different time frames.

However, there have been a number of studies that have assessed recovery from degradation globally, and degradation from commercial selective logging is a particular topic on which numerous studies have been conducted. Selective logging is a major threat not only

las especies de madera dura y crecimiento lento que son responsables del 50% de la captación de carbono en las selvas, como la del Amazonas. Además, las carreteras que se construyen en áreas remotas que antes estaban intactas tienen un efecto en cascada sobre el bosque, que muchas veces empieza con un aumento dramático en la pérdida de la biodiversidad debido a la caza excesiva, y termina con el desmonte total del bosque para la agricultura una vez que se eliminaron todas las especies maderables. Un hallazgo impactante en el Amazonas es que el 95% de la deforestación ocurre dentro de los 5 kilómetros colindantes a un camino.

La cantidad de carbono que se elimina con la tala selectiva de un bosque tropical primario depende de la intensidad y el daño asociado, pero generalmente es cercana a un tercio. La tasa en la un bosque puede aumentar de nuevo el carbono de su biomasa depende del tipo de ecosistema, clima, suelo, las características del ciclo de vida de las especies de árboles y la severidad del impacto de la tala. En suma, los beneficios de mitigación que generan los bosques que están en recuperación después de la tala pueden llegar hasta una Gigatonelada de carbono al año durante varias décadas. A pesar de que existe cierta incertidumbre acerca de la extensión global de los bosques tropicales degradados, su nivel real de degradación, la rapidez con la que se puedan recuperar, y la cantidad de estas tierras que se pudieran salvar de ser utilizadas para otros fines que están en competencia, no hay duda de que la restauración natural de los bosques puede ser una acción de mitigación muy poderosa.

Sin embargo, un punto clave es que nuestra meta debe ser la recuperación de los bosques para almacenar carbono a largo plazo. Si los bosques crecen de nuevo con especies pioneras de vida corta, éstas morirán después de sólo unas décadas; o en el caso de las planta-

Yucatan Peninsula deforestation, Mexico | ▶
Deforestación en la Península de Yucatán, México
IVÁN GABALDÓN

FOLLOWING PAGES | PÁGINAS SIGUIENTES
Fazenda Santa Luisa, Mato Grosso, Brazil | ▼
Hacienda Santa Luisa, Mato Grosso, Brasil
GEORGE STEINMETZ

because of the degradation it causes, but also because of its indirect impacts. First of all, it usually targets those slow-growing hardwood species that are responsible for 50% of the carbon capture in forests such as Amazonia. Furthermore, the roads built into previously undisturbed and remote areas have a cascading effect on the forest, often starting with dramatic increases in biodiversity loss from overhunting and ending with total clearing of the forest for agriculture once the timber species have been removed. A startling finding in Amazonia is that 95% of deforestation occurs within five kilometers of a road.

The amount of carbon removed from a tropical primary forest from selective logging depends on the intensity and associated damage but is typically around one-third. The rate at which a forest regrows biomass carbon also depends on the ecosystem type, climate and soils, the life history traits of the tree species, and the severity of the logging impacts. In sum, the mitigation benefits from forests recovering from logging could be as much as a gigaton of carbon per year for several decades. While there is a level of uncertainty regarding the extent of degraded tropical forests globally, how degraded those forests actually are, how fast they can recover, and how much of this land could be spared for competing land uses, in aggregate, there is no doubt that natural forest restoration can be a powerful mitigation action.

A key point, however, is that our goal needs to be long-term forest recovery for carbon storage. If the forest regrowth is in shorter-lived pioneer species, these will die off after a few decades, or in the case of plantation, the plantation will be logged, delivering no significant mitigation benefits. The advantage of ecological restoration is that the shorter-lived pioneer species are naturally replaced with tree species that live for many centuries and longer. It is the ecological restoration of degraded tropical forests that will deliver stable, resilient ecosystem carbon stocks and sustained mitigation value.

Natural and Assisted Regeneration

The next order of priority for mitigation action after recovery of degraded forests is addressing land that has been cleared where forests used to be present. Large areas of forest (up to one billion hectares) have been cleared but are currently not being used for a variety of reasons: because of rural depopulation; because they were cleared for farming, abandoned, and are now fallow; because the land was of

ciones, los árboles serán talados sin generar beneficios de mitigación significativos. La ventaja de la restauración ecológica es que las especies pioneras de vida corta sean sustituidas de manera natural por especies de árboles que viven cien años o más. La restauración de los bosques tropicales degradados es la que va a generar mayores reservas de carbono de los ecosistemas estables, resilientes y con valores más sostenidos de mitigación.

Regeneración Natural y Asistida

El siguiente orden de prioridad, después de la recuperación de los bosques degradados, es atender las tierras que fueron desmontadas donde antes había bosque. Grandes áreas forestales que fueron despejadas (hasta mil millones de hectáreas) están en desuso por varias razones: debido a la reducción de población rural; porque fueron despejadas para la agricultura, abandonadas y ahora son de barbecho; porque la tierra tenía escaso valor agrícola, o perdió su valor debido al uso excesivo; y en algunos casos particularmente tristes donde la erosión es tan severa que cualquier tipo de recuperación es virtualmente imposible. Esta categoría incluye a cerca de 500 millones de hectáreas de tierra desmontada de los trópicos, donde algunos bosques se están regenerando de manera espontánea.

La regeneración natural depende de una variedad de factores que incluyen la precipitación, las condiciones del suelo, el manejo de incendios, la topografía y la distancia entre los caminos y las áreas urbanas. Sin embargo, quizá el factor más importante sea la distancia hasta un bosque primario, incluyendo los pequeños parches de bosques primarios donde el banco de semillas, junto con los dispersores que se requieren, puedan proporcionar los ingredientes necesarios para la recuperación. Algunos estudios recientes han notado que el 85% de las

Sequoia National Park, California, USA | ▶
Parque Nacional de las Secuoyas, California, EUA
BILL COSTER. FLPA. NATURE IN STOCK

FOLLOWING PAGES | PÁGINAS SIGUIENTES
Erosion in Madagascar | Erosión en Madagascar ▼
CHRISTIAN ZIEGLER

marginal agricultural value or became marginal as a result of overuse; and in some particularly sad cases where erosion has become so severe that recovery of any kind is virtually impossible. This category includes about 500 million hectares of cleared land in the tropics where some forests are already regenerating spontaneously.

Natural regeneration depends on a range of factors, including rainfall, soil conditions, fire management, topography, and distance from roads and urban areas. But perhaps the most important factor is the distance to an area of primary forest, including small patches of primary forest, where the primary forest seed bank and the necessary seed dispersers can provide the ingredients for forest recovery. Recent studies have noted that 85% of secondary forest area occurs less than one kilometer from a primary forest, and that 86% of secondary forest patches larger than fifty hectares are found less than 400 meters from primary forest and on areas where primary forest previously existed. This underscores the strong linkages between primary forest protection and restoration efforts; primary forests, even in small remnants, are essential for bringing the forest back (providing very high mitigation benefits), while restoration efforts also help buffer, expand, and reconnect primary forest fragments, increasing the chances that areas of primary forest will persist into the future with all their values to create a far more resilient and biodiverse landscape.

Allowing tropical forests to regenerate naturally can be achieved at little or no direct costs, though there may be indirect costs. Planning and research may be necessary to determine the sites that have the best chances to regenerate, and it may be necessary to invest to ensure that recovering areas are not re-cleared (e.g., because the area is assumed to be abandoned, which is a substantial risk). Regional planning, a participatory process, and financial support are often essential to achieve a successful outcome. In developing countries, particular attention must be paid to the rights of Indigenous and other local communities when planning landscape scale forest restoration. Too often,

◄ *Panthera onca*
Jaguar | Jaguar
Pantanal, Brazil | Pantanal, Brasil
STAFFAN WIDSTRAND. WILD WONDERS OF EUROPE

áreas de bosque secundarios se presentan a menos de un kilómetro de un bosque primario; y que el 86% de los parches mayores a 50 hectáreas de bosques secundarios se encuentran a menos de 400 metros de los bosques primarios en áreas que anteriormente cubrieron. Esto subraya la fuerte relación que existe entre la protección de los bosques primarios y los esfuerzos de reforestación: Los bosques primarios, incluso los remanentes pequeños, son esenciales para recuperar los bosques, proporcionando altos beneficios de mitigación; mientras que los esfuerzos de restauración también ayudan a amortiguar, expandir y reconectar los fragmentos de bosques primarios aumentando la probabilidad de que las áreas de bosques primarios persistan en el futuro, junto con todos sus valores, creando un paisaje de biodiversidad mucho más resiliente.

Se puede lograr que los bosques tropicales se regeneren de manera natural con un costo directo muy bajo, o nulo, aunque pudiesen haber costos indirectos. Es posible que se requiera de una planeación e investigación para determinar los sitios que tienen las mejores posibilidades de regeneración, y puede ser necesaria la inverisón de recursos para garantizar que las áreas en recuperación no se vuelvan a desmontar (porque se crea que el área está abandonada, por ejemplo, lo cual representa un riesgo importante). Frecuentemente se requiere de planeación regional, un proceso participativo y del apoyo financiero para lograr resultados exitosos. En los países en desarrollo se debe poner especial atención a los derechos de los pueblos originarios y otras comunidades locales al hacer los planes de restauración forestal de la región. Con demasiada frecuencia, la deforestación ocurre a sus expensas y es fundamental que las comunidades estén involucradas en el proceso de planeación por razones prácticas y de justicia social; además de que se desarrollen y pongan en práctica mecanismos para compartir los beneficios de manera justa y apropiada. Vale la pena emprender esta planeación, ya que cerca de 500 millones de hectáreas de tierras tropicales previamente forestadas están potencialmente disponibles para su restauración. La regeneración natural podría representar una captura de carbono importante a nivel global durante muchas décadas en el futuro.

La regeneración natural de un paisaje deforestado no siempre es posible porque los suelos están degradados y son yermos, o porque los fragmentos de bosque que quedan son demasiado pequeños y la

the deforestation occurs at their expense and it is critical for both social justice and practical reasons for them to be intrinsic to the planning process and that just and appropriate benefit sharing mechanisms be jointly developed and put into operation. But undertaking this planning is worth it given the extensive ~ half a billion hectares of previously forested land in the tropics potentially available for restoration; natural regeneration could represent a globally significant sequestration for decades to come.

Natural regeneration of a deforested landscape is not always possible because soils are degraded and infertile or because the remaining forest fragments are small and the distance of a degraded area from natural forests and seed dispersers is too great. In these locations, regeneration may prove challenging and the surrounding matrix may not be able to regenerate without active management. In some cases removal of invasive weeds, fire suppression, fertilizer, or enrichment planting may be necessary to catalyze regeneration. Successful assisted regeneration also requires good information on how succession occurs in a particular location, without which it may be difficult to gauge whether or not a cleared area is in fact in the process of regenerating. For example, it is important to understand how and where various species disperse, and the extent to which species can use or persist in buffer areas or modified landscapes.

Assisted regeneration can also be very expensive, with estimates ranging from $1,400–$6,600 per and some as high as $34,000 per hectare [refs]. In an endeavor to reduce the costs and accelerate the process, non-native species are sometimes used, producing sub-optimal results in terms of biodiversity and carbon if those species are not ultimately replaced by native species. The high costs and uncertainty due to lack of knowledge regarding how succession occurs in a particular forest type make assisted restoration a less attractive option than restoring degraded forest or allowing natural regeneration to occur. Studies also indicate that to achieve the best results for both biodiversity and vegetation structure, natural regeneration is preferable to assisted natural regeneration; natural regeneration success rates were 34–56% higher in terms of biodiversity and 19–56% higher for vegetation structure.

distancia es demasiado grande entre el área degradada, los bosques naturales y los dispersores de semillas. En estos lugares, la regeneración puede ser un reto y la matriz que los rodea no puede propiciar la regeneración sin una gestión activa. En algunos casos, se requiere eliminar las malezas invasoras, suprimir incendios, usar fertilizantes, o hacer plantación de enriquecimiento para catalizar la regeneración. Una regeneración asistida exitosa también requiere de buena información sobre cómo se lleva a cabo la sucesión dentro de una zona en particular. Sin esta información, podría ser difícil determinar si el área está en proceso de regeneración o no. Por ejemplo, es importante entender cómo y dónde dispersan las diferentes especies y la medida en la que las especies pueden usar o permanecer en las áreas de amortiguamiento o en los paisajes modificados.

La regeneración asistida también puede resultar muy cara, con gastos que pueden variar entre $1,400-$6,000 dólares por hectárea, o llegar hasta los $34,000 dólares. En un esfuerzo para reducir los costos y acelerar el proceso, se puede hacer uso de especies no nativas, produciendo resultados menores a los óptimos en términos de biodiversidad y carbono si esas especies no son posteriormente remplazadas por especies nativas. Los costos altos y la incertidumbre que genera la falta de conocimiento acerca de cómo llevar a cabo la sucesión dentro de un tipo de bosque en particular, hacen que la restauración asistida sea una opción menos atractiva que la de restaurar los bosques degradados, o permitir que suceda una regeneración natural. Los estudios también indican que para obtener los mejores resultados para la biodiversidad y la estructura de la vegetación, es preferible la regeneración natural que la regeneración asistida: las tasas de éxito para la regeneración natural fueron de 34-56% más altas en términos de biodiversidad, y de 19-56% para la estructura de la vegetación.

Old growth forest with tall eucalypts | ▶
Bosque maduro con eucaliptos altos
Styx Valley, Tasmania | Valle Styx, Tasmania
ROB BLAKERS

Solutions are within reach

Ecosystems cannot solve climate change alone; deep, rapid, and permanent reductions are now needed in fossil fuel emissions. That said, the magnitude of the world's ecosystem carbon stocks make avoidance of emissions from their ongoing destruction and degradation an essential and unavoidable component of what must be a comprehensive approach to mitigation. The benefits of protecting and restoring ecosystems also go well beyond climate change and include recognizing the tenure, improving the livelihoods, and retaining the cultural identity of Indigenous and other local communities, securing more and higher quality freshwater, and saving species from extinction. We have many good reasons to protect and restore far more of Earth's web of life, which is why many conservationists are calling for protecting at least half of the planet by 2030.

Nor are the challenges we face of a technical nature only. We know how to protect nature from current and future threats through the combined wisdom of traditional knowledge and modern conservation science and practice. We know that protecting nature involves high-quality scientific analysis, recognizing tenure and respecting rights, educating girls and women, and understanding the deep linkages between nature, culture, and identity. We know the range of governance mechanisms that are successful in keeping nature conserved and the need for bottom-up, community-based approaches to be coupled to top-down governance arrangements. Protected areas work if we fund them adequately, provide their managers and stewards with sufficient funding and resources, and engage with their local communities. We know that Indigenous stewardship and community conservation initiatives already make a massive contribution to conservation globally and include some of the best-protected places on the planet. Payments for ecosystem services also work, providing practical incentives for conservation action on all kinds of tenure,

◄ *Ovibos moschatus*
Musk oxen | Bueyes almizcleros del ártico
Wrangel Island, Russia | Isla Wrangel, Rusia
SERGEY GORSHKOV

Las soluciones están al alcance

Los ecosistemas no pueden solucionar el cambio climático por sí mismos, es necesario alcanzar reducciones profundas, rápidas y permanentes en las emisiones de combustibles fósiles. Dicho esto, la magnitud de las reservas de carbono de los diferentes ecosistemas del mundo hace que las acciones para evitar las emisiones ocasionadas por la constante destrucción y degradación, sean un componente esencial e inevitable de lo que debe ser un enfoque integral hacia la mitigación. Los beneficios de proteger y restaurar los ecosistemas también van mucho más allá del cambio climático. Estos incluyen el reconocimiento de la tenencia; la mejora de los medios de subsistencia y la preservación de la identidad cultural de los pueblos originarios y de otras comunidades; el aseguramiento de agua dulce de mayor calidad y cantidad; y el evitar la extinción de especies. Tenemos muchas buenas razones para proteger y restaurar una parte mayor del tejido de la vida en la Tierra, por lo que muchos conservacionistas están haciendo un llamado para proteger por lo menos la mitad del planeta para el 2030.

Los retos que enfrentamos no son sólo de naturaleza técnica. Sabemos cómo proteger a la naturaleza de las amenazas actuales y futuras combinando la sabiduría del conocimiento tradicional con la ciencia moderna de conservación y sus prácticas. Sabemos que esto involucra un análisis científico de alta calidad, reconociendo la tenencia y respetando los derechos, educando a las niñas y mujeres y entendiendo los lazos profundos que existen entre la naturaleza, la cultura y la identidad. Conocemos los diferentes mecanismos exitosos de gobernancia para la conservación de la naturaleza y la necesidad de que los enfoques ascendentes que se basan en la comunidad se acoplen con los acuerdos descendentes de gobernanza. Las áreas protegidas funcionan si se les proporcionan los fondos adecuados, si se les otorgan suficientes recursos a los administradores y custodios, y se involucra a las comunidades locales. Sabemos que la custodia forestal que tienen los pueblos originarios y las iniciativas de conservación de las comunidades ya representan una aportación enorme a la conservación global, e incluyen algunos de los lugares mejor protegidos del planeta. Los pagos por servicios ecosistémicos también funcionan, proporcionando incentivos prácticos para las acciones de conservación en todos los tipos de tenencia, incluyendo la regular, la privada y el arrendamiento.

including customary, private, and leasehold. In all cases, the ingredients are more or less the same: participatory governance and planning, recognizing and upholding rights, adequate funding, and the use of knowledge from all sources.

The answer to the question of "will we protect and restore Earth's natural ecosystems?" resides therefore more in the domain of politics than science. Is there the societal support and political will for climate action at the scale required to match the magnitude of the problem? Subsidies for activities that destroy and degrade nature, such as the fossil fuel sector, dwarf amounts spent on conservation. And these subsidies continue despite the fact that we know the effect that these activities are having on Earth's ecosystems and climate. If there was any doubt, it is now abundantly clear that industrial development as it is occurring is not compatible with protecting and restoring Earth's ecosystems nor achieving the mitigation target needed to avoid dangerous climate change. Wilderness is in retreat everywhere. Less than one-third of the world's boreal forests, which stretch from Alaska to Quebec and from Scandinavia to Siberia, are still in a primary condition. Commercial logging, specifically, has not proven sustainable, and in the tropics, where only one-quarter of the remaining forests are primary forests, we have overwhelming evidence that it cannot be both sustainable and economically viable. Only 20% of the planet's forests are in Intact Forest Landscapes (IFLs) (contiguous areas of 50,000 ha or more), only 12% of the remaining IFLs are in protected areas, and IFLs have been reduced by 7.2% since 2000 (i.e., by about 90 million hectares or the size of Venezuela), with three times greater losses between 2011–2013 compared to 2000–2003.

One source of hope lies in the growing realization that we are running out of time to address both the climate change and biodiversity crises. The Paris Agreement and the recent IPCC report highlighting the fact that we have little more than a decade of business-as-usual emissions left have provided some added urgency to UNFCCC negotiations, though not enough. The IPBES has called for the biodiversity crisis to be treated as seriously as the climate crisis and, after decades of missed conservation targets in the CBD, we are starting to see growing signs of willingness from the global conservation community to consider much more ambitious conservation targets. However, these negotiations will require a concerted effort to increase the ambition and

En todos los casos, los ingredientes son similares: la gestión y planeación participativa, el reconocimiento y salvaguarda de los derechos, los fondos adecuados y el uso del conocimiento de todas las fuentes.

Por lo tanto, la respuesta a la pregunta de "¿podremos proteger y restaurar los ecosistemas naturales de la Tierra?" recae más en el dominio de la política que en la ciencia. ¿Existe el apoyo social y la voluntad política para generar las acciones climáticas necesarias para igualar la magnitud del problema? Los subsidios para las actividades que destruyen y degradan la naturaleza, tales como el sector de combustibles fósiles, sobrepasan por mucho las cantidades que se destinan a la conservación. Estos subsidios continúan a pesar de que conocemos bien los efectos que estas actividades tienen sobre los ecosistemas y el clima de la Tierra. Si hubiese aún alguna duda, ahora es muy claro que el desarrollo industrial en su estado actual no es compatible con la protección y restauración de los ecosistemas de la Tierra, y que tampoco se están logrando las metas de mitigación necesarias para evitar el peligroso cambio climático. La naturaleza está en retroceso en todo el mundo: menos de un tercio de los bosques boreales que se extienden de Alaska a Quebec, y de Escandinavia a Siberia, aún permanecen en su estado primario. En concreto, la tala comercial no ha probado ser sustentable, y en los trópicos, donde sólo una cuarta parte de los bosques restantes son primarios, tenemos evidencia contundente de que no puede ser sustentable y económicamente viable al mismo tiempo. Sólo el 20% de los bosques del planeta son paisajes forestales intactos (PFI, áreas contiguas de 50,000 hectáreas o más). Únicamente el 12% de los PFI restantes se encuentran en áreas protegidas, y estas se han reducido en un 7.2% desde el año 2000 (es decir, en cerca de 90 millones de hectáreas, o el equivalente a la superficie de Venezuela),

Pseudacris regilla ▶
Pacific chorus frog | Rana de coro del Pacífico
Oregon, USA | Oregón, EUA
MICHAEL DURHAM. MINDEN PICTURES

FOLLOWING PAGES | PÁGINAS SIGUIENTES
Damaliscus lunatus jimela ▼
Topis | Topis
Okavango, Delta, Botswana | Delta del Okavango, Botswana
FRANS LANTING

commitments to match the scale of the problem. Another source of hope lies in the growing realization that climate change and biodiversity conservation are, to a large extent, the same issue when it comes to land use. Understanding the biodiversity and climate change crises holistically, as fundamentally linked, should provide a catalyst for accelerated, interdisciplinary, and coordinated action across the Rio Conventions as well as other biodiversity conventions.

There is no question that a catalyst is needed and a phase shift in our understanding of the risks we face. As both crises accelerate, we are wasting precious time to implement the solutions we already have available. By 2020, both the CBD and the UNFCCC will have the policy architecture in place for the next decade. New targets in the CBD, a new "rule book" in the UNFCCC to guide implementation of the Paris Agreement, and new pledges (known as Nationally Determined Contributions or "NDCs") from governments in their revised commitments under the Paris Agreement must fill the current "emissions gap" to keep global temperature as close as possible to 1.5 °C. This may be our last, best chance to solve both problems together.

◄ Iguazu National Park, Argentina | Parque Nacional Iguazú, Argentina
FRANS LANTING

FOLLOWING PAGES | PÁGINAS SIGUIENTES
▼ Tidal creeks in salt marsh, Monterey Bay, California, USA |
Pozas de marea, Bahía de Monterey, California, EUA
FRANS LANTING

con pérdidas tres veces mayores en el periodo del 2011-2013 al del 2000-2003.

La mayor conciencia sobre la premura para atender la crisis de biodiversidad y del cambio climático es una fuente de esperanza. El Acuerdo de Paris y el reciente reporte del IPCC que destaca el hecho de que tenemos poco más de una década de emisiones si las cosas continúan como están, enfatizando —aunque no suficientemente— la urgencia de continuar con las negociaciones de la CMNUCC. La Plataforma Intergubernamental de Biodiversidad y Servicios Ecosistémicos (IPBES, por sus siglas en inglés) ha hecho un llamado para que la crisis de la biodiversidad sea considerada con la misma seriedad que la crisis climática, y después de décadas de no lograr los objetivos conservacionistas en el CDB, estamos empezando a ver señales crecientes de la disposición de la comunidad global para considerar metas mucho más ambiciosas. Sin embargo, estas negociaciones requerirán de un esfuerzo concertado para aumentar el alcance y los compromisos que nos pudieran llevar a enfrentar la magnitud del problema. Otra fuente de esperanza recae en la creciente conciencia de que en gran medida el cambio climático y la conservación de la biodiversidad se tratan del mismo problema cuando se refieren a los usos del suelo. Entender de manera integral que la biodiversidad y el cambio están intrínsecamente ligados puede ser un catalizador para lograr acciones interdisciplinarias, rápidas y coordinadas en el marco de la Convención de Río y de otros foros de biodiversidad.

No hay duda de que necesitamos un catalizador, al igual que un cambio de nuestra comprensión sobre los riesgos que enfrentamos. A medida que ambas crisis se aceleran, estamos desperdiciando tiempo muy valioso al no implementar las soluciones que ya tenemos disponibles. Para el 2020, el CDB y la CMNUCC habrán establecido la arquitectura de las políticas para la siguiente década. El CDB fijará nuevas metas, mientras que la CMNUCC tendrá un nuevo "libro de reglas" para dirigir la implementación del Acuerdo de Paris. Los nuevos compromisos de los países (Contribuciones Nacionalmente Determinadas, o NDC, por sus siglas en inglés), con objetivos revisados bajo el Acuerdo de Paris, deberán satisfacer la "brecha de emisiones" actual para mantener el incremento de la temperatura global lo más cercano a 1.5 grados. Esta puede ser nuestra última oportunidad, si no es que la mejor, para resolver ambos problemas de manera conjunta.

PREVIOUS PAGES | PÁGINAS ANTERIORES

Tide pool, Point Lobos State Reserve, California, USA | ▲
Poza intermareal, Reserva Estatal Punta Lobos, California, EUA

ART WOLFE

Fulica americana americana ▶

American coot | Gallareta americana
Xochimilco wetlands, Mexico City, Mexico |
Humedal de Xochimilco, Ciudad de México, México

CLAUDIO CONTRERAS KOOB

FOLLOWING PAGES | PÁGINAS SIGUIENTES

Coenagrion lunulatum ▼

Irish damselfly | Caballito del diablo de Irlanda
orthern Ireland, United Kingdom | Irlanda del Norte, Reino Unido

BEN HALL. 2020VISION. NATUREPL.COM

◂ *Fitzroya cupressoides*
Alerce tree | Alerce o Lahuán
Cochamo, Chile | Cochamo, Chile
GARY KAUFMAN

Grasslands | Pastizales

Reed F. Noss and Joseph W. Veldman

Forests get most of the attention in schemes to use natural ecosystems for capturing and storing carbon. Nevertheless, ecologists now recognize that Earth's grasslands and savannas also have considerable carbon storage capacity. Grasslands account for about 35% of global terrestrial carbon storage, potentially exceeding the carbon stored in forests (Grace *et al.*, 2006; Scharlemann *et al.*, 2014; Fargione *et al.*, 2018). Compared to forests, grasslands store more of their carbon—up to 98% (Hungate *et al.*, 1998)—belowground, where it is secure from fire and other processes that release carbon. In drought- and fire-prone regions, grasslands are more secure carbon sinks than forests (Dass *et al.*, 2018).

To understand why grassland carbon is belowground, it helps to think of these ecosystems as lands of frequent fires and large herbivores, including bison, elephants, wildebeest, and many extinct beasts such as mammoths, glyptodonts, and giant ground sloths. Over millions of years of fire and herbivory aboveground, grassland plants evolved to protect their biomass belowground. Although ecologists traditionally described grasslands as occurring in regions intermediate

◄ *Acinonyx jubatus*
Cheetah | Guepardo
Kenya | Kenya
FRANS LANTING

FOLLOWING PAGES | PÁGINAS SIGUIENTES
▼ *Loxodonta africana*
African bush elephants | Elefantes africanos de sabana
Central Africa | África central
ART WOLFE

Los bosques son los que reciben la mayor atención en los programas enfocados a ecosistemas naturales para capturar y almacenar carbono. Aun así, los ecologistas hoy en día reconocen que los pastizales y las sabanas de la Tierra también tienen una considerable capacidad para almacenar carbono. En los pastizales se almacena casi el 35% del carbono terrestre a nivel mundial, probablemente superando al carbono almacenado en los bosques (Grace *et al.*, 2006; Scharlemann *et al.*, 2014; Fargione *et al.*, 2018). Comparados con los bosques, los pastizales almacenan la mayor parte de su carbono en el subsuelo, casi un 98% (Hungate *et al.*, 1998), en donde está a salvo de incendios y otros procesos que liberan carbono. En las zonas propensas a sequias e incendios, los pastizales funcionan como sumideros de carbono que son más seguros que los bosques (Dass *et al.*, 2018).

Para poder entender por qué el carbono de los pastizales se encuentra a nivel subterráneo, debemos considerar a estos ecosistemas como territorios que frecuentemente sufren incendios, donde habitan o habitaron grandes herbívoros, incluyendo a los bisontes, elefantes, ñus, y muchas otras especies extintas como mamuts, gliptodontes y perezosos terrestres gigantes. Durante millones de años de sufrir incendios y servir como alimento para los herbívoros de la superficie, las plantas de los pastizales han evolucionado para poder proteger su biomasa en el subsuelo. A pesar de que los ecologistas tradicionalmente describían a los pastizales como regiones que recibían precipitaciones intermedias, a niveles situados entre los bosques y los desiertos, la mayoría de los pastizales reciben más agua de la que se requiere para sostener bosques y matorrales densos. Las alteraciones afectan a los pastizales, pero los incendios y los grandes herbívoros previenen la invasión de árboles y mantienen la diversidad de plantas herbáceas.

in precipitation between forests and deserts, most grasslands receive more than enough rain to support forests or dense shrublands. For these disturbance-dependent grasslands, fire and large herbivores prevent tree invasion and maintain herbaceous plant diversity. While it is true that fire releases carbon dioxide and herbivores eat plant biomass, any carbon loss is temporary, since fire and herbivory stimulate abundant plant regrowth that absorbs carbon dioxide from the atmosphere. Further, dung produced by herbivores and charcoal produced by fires contribute to soil carbon storage.

The ways that plants in grasslands store carbon is fascinating. Many prairie grasses have exceedingly long roots, containing much more carbon in belowground biomass and surrounding soil organic carbon than their aboveground parts. Especially in tropical and subtropical grasslands, most plants have the vast majority of their biomass underground. If you were to dig up these ancient, seemingly tiny herbs, you would find that many are actually underground trees with just the tips of their branches above ground. Many grassland herbs and shrubs rely on underground storage organs, which include multipurpose structures such as rhizomes, highly specialized organs such as lignotubers, and even underground leaves known as bulbs. These underground structures store high concentrations of carbohydrates that permit plants to resprout after fire, grazing, drought, or other disturbances remove their aboveground stems and leaves.

Tropical savanna-grasslands store approximately 28.4 MgC/ha as biomass and 174 MgC/ha as soil organic carbon (based on Grace *et al.*, 2006). Temperate grasslands store around 8.3 MgC/ha as biomass and 122 MgC/ha as soil organic carbon (based on Fargione *et al.*, 2018).

Assuming 23 million km2 of tropical savanna-grasslands and 15 million km² of temperate grasslands worldwide, the total global grassland carbon stock is 660 Pg (i.e., 660 trillion kg) of carbon, out of a total terrestrial carbon pool of 1900 PgC (Scharlemann *et al.*, 2014).

Grassland conservation is a global priority. In many regions worldwide, grasslands have declined more than forests because they are

◂ Palouse farmland, Whitman County, Washington, USA | Pastura cultivada en Palouse, Condado Whitman, Washington, EUA
KIRKENDALL-SPRING. NATUREPL.COM

Aunque es cierto que los incendios liberan dióxido de carbono y que los herbívoros se comen la biomasa vegetal, cualquier pérdida de carbono es temporal ya que los incendios y los herbívoros estimulan el crecimiento abundante de plantas que absorben el dióxido de carbono de la atmósfera. Además, las heces de los herbívoros y el carbón vegetal producido por los incendios contribuyen al almacenamiento del carbono en la tierra.

La manera en que las plantas de los pastizales almacenan el carbono es fascinante. Muchos de los pastos de las praderas tienen raíces sumamente largas que retienen mucho más carbono en la biomasa del subsuelo y en el carbono orgánico de la tierra que les rodea, que en sus partes superficiales. La mayoría de las plantas tienen una mayor parte de su biomasa por debajo de la tierra, especialmente en los pastizales del trópico y sub-trópico. Si desenterráramos estas pequeñas hierbas, encontraríamos que muchas de ellas en realidad son árboles subterráneos que sólo tienen las puntas de las ramas sobre la superficie. Muchas hierbas y arbustos de los pastizales dependen de órganos subterráneos de almacenamiento que incluyen estructuras multifuncionales como los rizomas, órganos altamente especializados como los lignotubérculos, e incluso hojas subterráneas conocidas como bulbos. Estas estructuras subterráneas almacenan grandes concentraciones de carbohidratos que permiten que las plantas vuelvan a brotar después de incendios, sequías, pastoreo, y otras alteraciones que eliminan las hojas y tallos de la superficie.

Los pastizales y sabanas tropicales almacenan casi 28.4 MgC/ha en forma de biomasa, y 174 MgC/ha como carbono orgánico en el suelo (basado en *Grace et al.*, 2006). Los pastizales templados almacenan alrededor de 8.3 MgC/ha en forma de biomasa, y 122 MgC/ha como carbono orgánico en el suelo (basado en Fargione *et al.*, 2018). Suponiendo que a nivel mundial hay 23 millones de km^2 de pastizales y sabanas tropicales, y 15 millones de km^2 de pastizales templados, el total global de las reservas de carbono de los pastizales es de 660 Pg de carbono (i.e., 660 billones de kg), de un total de 1900 PgC de la reserva mundial de carbono. (Scharlemann *et al.*, 2014).

La conservación de los pastizales es una prioridad global. En muchas regiones alrededor del mundo, los pastizales han disminuido más que los bosques porque son más fáciles de despejar para la agricultura y porque los incendios naturales se han evitado o suprimido.

Aepyceros melampus ▶
Impalas | Impalas
Serengeti National Park, Tanzania |
Parque Nacional Serengeti, Tanzania
FRANS LANTING

easier to clear for agriculture and because natural fires have been excluded or suppressed. Many grasslands are biodiversity hotspots with large concentrations of endemic species. Unfortunately, efforts to increase carbon storage in grasslands by planting trees put the carbon storage capacity and biodiversity of ancient grasslands at risk (Veldman *et al.*, 2015). An additional risk of planting trees is that dark forest canopies absorb more heat than highly reflective grassland (Popkin 2019), meaning that tree planting for carbon storage in grasslands can be both a bad bet for biodiversity and counterproductive for mitigating climate change. It is critical that grasslands be cherished for their biodiversity, as well as their ability to support the livelihoods of pastoralists and hunters, at least as much as for their carbon storage capacity. Maintaining and restoring natural grasslands—and avoiding tree planting—is critical if we are to promote both carbon storage and biodiversity conservation.

Muchos pastizales son "hotspots" de biodiversidad con grandes concentraciones de especies endémicas. Desafortunadamente, los esfuerzos para aumentar el almacenamiento del carbono en los pastizales mediante la plantación de árboles ponen en riesgo la capacidad de almacenamiento de carbono y la biodiversidad de los pastizales maduros (Veldman *et al.*, 2015). Otro riesgo de plantar árboles es que las cubiertas forestales oscuras de los bosques absorben más calor que los pastizales altamente reflectantes (Popkin 2019), por lo que plantar árboles para el almacenamiento de carbono en los pastizales puede ser una mala estrategia para la biodiversidad, y contraproducente para reducir el cambio climático. Es sumamente importante que los pastizales sean igualmente valorados por su diversidad, por ser un medio de sustento de pastores y cazadores y por su capacidad de almacenar carbono. Mantener y restaurar los pastizales naturales evitando el cultivo local de árboles es crucial si queremos promover el almacenamiento de carbono y la conservación de la diversidad biológica.

Equus ferus przewalskii ▶
Przewalski's horse | Caballo de Przewalski
Khustain Nuruu Nature Reserve, Mongolia |
Reserva Natural Khustain Nuruu, Mongolia
PETE OXFORD

FOLLOWING PAGES | PÁGINAS SIGUIENTES
Los Glaciares National Park, Argentina | ▼
Parque Nacional Los Glaciares, Argentina
ART WOLFE

Peatlands | Turberas

Robert Nasi

Under threat, understudied, and underappreciated (and until recently, viewed by local governments as wastelands and all too often burned and destroyed), tropical peatlands are now recognized as a key component in the global carbon climate balance and a safe harbor for some of the world's most precious and endangered species. Tropical peatlands constitute roughly 11%, or 44 million hectares (441,000 km²), of the planet's total peat ecosystems.

Abundant in Southeast Asia (Indonesia and Malaysia), Africa (the Democratic Republic of Congo and the Republic of Congo), South America (Peru), and Central America and the Caribbean, tropical peatlands cover only a small fraction of the world's surface and yet store some 10 to 30% of the 550 billion tons of carbon found in peatlands worldwide. The 180 nations possessing peatlands found between the Arctic and Antarctic, which have accumulated over many millennia, retain more than 30% of the carbon stored in the world's soil. Some estimates suggest global peatlands even hold twice as much carbon as all forests on earth and possibly four times as much as found in the

◀ *Pongo pygmaeus wurmbii*
Bornean orangutan | Orangután de Borneo
Mawas Conservation Area, Central Kalimantan Province, Borneo, Indonesia | Área de Conservación Mawas, Provincia Central de Kalimantán, Borneo, Indonesia
TIM LAMAN

FOLLOWING PAGES | PÁGINAS SIGUIENTES
▼ Tanjung Puting National Park, Kalimantan, Borneo, Indonesia | Parque Nacional Tanjung Puting, Kalimantán, Borneo, Indonesia
JÜRGEN FREUND

Amenazadas, sub-estudiadas, poco apreciadas (y hasta hace poco vistas por los gobiernos locales como tierras yermas, quemadas y destruidas demasiadas veces), las turberas tropicales actualmente son reconocidas como uno de los componentes clave para el equilibrio climático global del carbono, y un puerto seguro para algunas de las especies más preciadas que están en peligro de extinción. Las turberas tropicales constituyen casi el 11%, del total de los ecosistemas de turberas del mundo, con 44 millones de hectáreas (441,000 km²).

Las turberas tropicales abundan en el Sureste Asiático (Indonesia y Malasia), África (República Democrática del Congo y la República del Congo), Sudamérica (Perú), Centroamérica y el Caribe. Estas tierras cubren sólo una pequeña fracción de la superficie de la tierra, sin embargo, almacenan entre el 10 y el 30% de las 550 mil millones de toneladas del carbono que se encuentran en las turberas alrededor del mundo. Las 180 naciones que poseen las turberas que se localizan entre el Ártico y la Antártida retienen más del 30% del carbono almacenado en el suelo, acumulado durante muchos milenios. Algunas estimaciones sugieren que la totalidad de las turberas del mundo contienen incluso el doble de carbono que todos los bosques juntos, y posiblemente cuatro veces la cantidad que se encuentra en la atmósfera. Al desmontar y drenar las turberas se libera ese carbono, representando casi el 5% de las emisiones antropogénicas de CO_2.

Más de la mitad de las turberas tropicales se encuentran en el Sureste de Asia, conteniendo tres cuartas partes del carbono almacenado en estos ecosistemas. Se están empezando a reconocer los importantes servicios que prestan las turberas en los ecosistemas, ya que éstas son vitales en la lucha contra el cambio climático y son más valiosas si permanecen intactas que si son destruidas. Las turberas tropicales no

atmosphere. Clearing and draining peatlands releases that carbon and accounts for about 5% of anthropogenic CO_2 emissions.

Southeast Asia comprises more than half of all tropical peatlands, including three-fourths of the carbon stored in these tropical peat ecosystems. Peatlands are now beginning to be recognized for their important ecosystem services, vital to the fight against climate change and more valuable intact than destroyed. Not only are tropical peatlands among the best natural carbon sinks, but their value for biodiversity is only recently coming into light long after being viewed as devoid of a wide range of plant and animal species.

Tropical peatlands offer a safe haven for at-risk species. In Southeast Asia, the orangutan, Sumatran tiger, storm's stork, false gharial crocodile, Sunda clouded leopards, and the rhinoceros live in peatlands. Some 45% of mammals and 33% of birds recorded in peat swamp forests are near threatened, vulnerable, or endangered. In 2017, scientists mapped the largest tract of peatlands in the tropics in the remote Cuvette Centrale Basin in the Congo, further expanding our understanding of this unique ecosystem and the role they play in conservation. This one tract has accumulated more than 30 billion tons of carbon over 10,000 years.

Draining peatlands, a common practice for agricultural purposes, makes them vulnerable to fires. In 2015, fires burned uncontrollably in Indonesia for lengthy periods due to dry weather and soil, and peat fires and haze that year resulted in estimated losses of property of up to $40 billion, the premature deaths of between 11,000 and 100,000 people from the suffocating impacts of toxic gases, and the release of nearly 900 million tons of CO_2 emissions. Severe peatland fires also hit the country in 1997 and 2013, resulting in further economic losses and harm to people. Climate destabilization is an increasing factor in the prolonged dry weather by influencing the onset of *El Niño* weather cycles that cause increased variability and delay of monsoon rain seasons.

◄ *Panthera tigris sumatrae*
Sumatran tiger | Tigre de Sumatra
Sumatra, Indonesia | Sumatra, Indonesia
JURGEN AND CHRISTINE SOHNS. FLPA. NATURE IN STOCK

sólo se encuentran entre los mejores sumideros de carbono, sino que su valiosa biodiversidad apenas está saliendo a la luz después de haber sido consideradas como regiones desprovistas de una rica variedad de especies de plantas y animales.

Las turberas tropicales ofrecen un refugio seguro para especies en peligro. En el Sureste de Asia, los orangutanes, los tigres de Sumatra, las cigüeñas de Storm, el falso gavial malayo, las panteras nebulosas de Borneo y los rinocerontes, viven en turberas. Alrededor del 45% de los mamíferos y el 33% de las aves que se han registrado en los bosques pantanosos de turba son especies casi amenazadas, vulnerables, o en peligro de extinción. En el 2017, los científicos hicieron un mapeo del tramo más largo de turberas en los trópicos, en la remota Cuenca Central de Cuvette, en el Congo, ampliando aún más el conocimiento de este ecosistema único y el papel que juega en la conservación. Este tramo en particular ha acumulado más de 30 mil millones de toneladas de carbono a lo largo de 10,000 años.

Al drenar las turberas, éstas se vuelven vulnerables a los incendios. Sin embargo, es una tarea muy común en las prácticas agrícolas locales. En el 2015, se encendieron vastos terrenos que ardieron de manera incontrolable en Indonesia durante largos periodos debido al clima y suelos secos. Ese año, los incendios de turberas y la calina generaron grandes pérdidas materiales calculadas en hasta $40 mil millones, además de la muerte prematura de entre 11,000 y 100,000 mil personas por el efecto sofocante de los gases tóxicos y la liberación de casi 900 millones de toneladas de emisiones de CO_2. Varios incendios severos de turberas también azotaron al país en 1997 y 2012, ocasionando más pérdidas económicas y daños a los habitantes. Durante las temporadas de sequía prolongadas, la desestabilización del clima es un factor que tiene influencia sobre el inicio de los ciclos climáticos conocidos como *El Niño*, los cuales aumentan la variabilidad y retrasan las temporadas de las copiosas lluvias monzónicas.

Drenar las tierras provoca hundimientos que aumentan el riesgo de inundaciones. Una alternativa sustentable al drenado de las turberas es la paludicultura, que es el cultivo en condiciones húmedas. Se está explorando esta práctica a través de la Convención Ramsar, un tratado intergubernamental para la gestión internacional de humedales que subraya la importancia de la conservación ecológica para el desarrollo económico sustentable.

ko National Park, Sarawak, Malaysia | ▶
que Nacional Bako, Sarawak, Malasia
JÜRGEN FREUND

Draining also leads to land subsidence, causing an increased risk of flooding. A sustainable alternative to draining peatlands is the cultivation in moist conditions known as paludiculture. This practice is explored through the Ramsar Convention, which is an intergovernmental treaty for international wetlands management that highlights the importance of ecological conservation for sustainable economic development.

While the threat to the Paris Climate goals and global biodiversity of opening up the world's remaining tropical peatlands is real and potentially catastrophic, this is one of those rare moments in development when there is still time to act. With political will, there is an opportunity to generate positive and measurable impact at a cost that is relatively inexpensive.

Following the haze incidents of 2013 and 2015, Indonesian President Joko Widodo pledged to and succeeded in reducing the incidence of fire and haze by 75% and promised to begin the difficult task of restoring peatlands to their natural state. President Widodo's program recognizes the important role that indigenous communities play in stewarding the restoration and sustainable management of the carbon-rich peatlands. The Indonesian government identified more than half a million hectares (5,600 km²) of peat ecosystems located around indigenous communities that could be reallocated as village forests. Full enforcement of the original presidential pledge is essential for preventing these massive carbon sinks from being drained and burned.

We are now at a pivotal turning point. Shedding light on these crucial ecosystems and the vital benefits they provide is more important than ever if we are to leave the world with intact ecosystems and the foundations of a sustainable future.

Abrir las turberas tropicales que aún existen en el mundo es una amenaza real y potencialmente catastrófica para la biodiversidad global que no permitiría cumplir con las metas climáticas de Paris. Sin embargo, este es uno de esos raros momentos en el desarrollo en el que todavía hay tiempo para actuar. Si se tiene la voluntad política, existe la oportunidad para generar un impacto positivo y medible, a un costo relativamente bajo.

Después de los incidentes relacionados con las calinas de 2013 y 2015, el Presidente de Indonesia, Joko Widodo se comprometió con éxito a reducir la incidencia de incendios y brumas en un 75%, y prometió iniciar la difícil tarea de restaurar las turberas a su estado natural. El programa del Presidente Widodo reconoce la importancia del papel que tienen las comunidades originarias para dirigir la restauración y el manejo sustentable de las turberas ricas en carbono. El gobierno de Indonesia identificó que hay más de medio millón de hectáreas (5,600 km²) de ecosistemas de turbera ubicados en las inmediaciones de las comunidades originarias que pueden ser reasignados como bosques de aldea. Para evitar el daño que causaría quemar y drenar estos enormes sumideros de carbono, es esencial que se cumpla plenamente la promesa original del presidente.

Nos encontramos en un momento decisivo. Hoy es más importante que nunca arrojar luz sobre estos importantes ecosistemas y a los beneficios que nos proporcionan, si es que queremos dejar un mundo con ecosistemas intactos y cimientos para un futuro sustentable.

Mauritia flexuosa ▶
Moriche palms | Moriche
Sandoval Lake, Tambopata National Reserve, Peru | Lago Sandoval, Reserva Nacional Tambopata, Perú
KONRAD WOTHE. LOOK. ALAMY STOCK PHOTO

FOLLOWING PAGES | PÁGINAS SIGUIENTES
Dicerorhinus sumatrensis ▼
Sumatran rhinocerous | Rinoceronte de Sumatra
Indonesia | Indonesia
LOUISE MURRAY. ALAMY STOCK PHOTO

Permafrost | Permafrost

Michael P. Totten

Permafrost is ground that remains at or below 0 °C (32 °F), the freezing point of water, for at least two years. This permanently frozen soil, rock, and often including ice, occurs in one-quarter of the Northern Hemisphere's terrestrial area, or roughly 15 million square kilometers (km^2). Permafrost is also found in the subsea areas of the Arctic Ocean continental shelves.

Permafrost accumulates over time, ranging in depth from 4.4 meters (14.6 feet) within one year to 626 meters (2,055 feet) over a quarter of a million years. During this time organic matter—plant material, decayed and whole roots—gets trapped and locked in to the frozen permafrost, resulting in the vast storage of 1.5 trillion tons of carbon. For comparison, human releases of carbon between the onset of the industrial revolution and 2018 amount to roughly 585 billion tons of carbon (gigatons, GtC, also equivalent to 2,147 Gt of CO_2), and are further increasing emissions some 13 GtC (48 $GtCO_2$) annually.

Human-emitted greenhouse gases (GHG) have already driven up the global average temperature by 1 °C, and several times higher in the Arctic region. This has resulted in a 20% decline in permafrost land area and triggering releases of the GHG methane (CH_4), which is 20 times

◄ *Ursus maritimus*
Polar bear | Oso polar
Hudson Bay, Canada | Bahía de Hudson, Canadá
FRANS LANTING

FOLLOWING PAGES | PÁGINAS SIGUIENTES
▼ Bull Pass, Antarctica | Paso Toro, Antártida
GEORGE STEINMETZ

El *permafrost* es el suelo que se mantiene a una temperatura igual o por debajo de los 0 °C (32 °F), que es el punto de congelación del agua, durante al menos dos años. Este suelo que contiene piedras y muchas veces hielo, está permanentemente congelado y representa la cuarta parte de la superficie terrestre en el Hemisferio Norte, con casi 15 millones de kilómetros cuadrados (km^2). También se puede encontrar en las áreas submarinas de las plataformas continentales del Océano Ártico.

El permafrost se va acumulando con el tiempo y su profundidad puede variar desde los 4.4 metros (14.6 pies) que se forman en el transcurso de un año, hasta 626 metros (2,055 pies) acumulados durante más de 250,000 años. Durante ese tiempo, la materia orgánica —materia vegetal, raíces descompuestas o enteras— queda atrapada y encapsulada en el permafrost congelado, lo que genera un almacenamiento inmenso de 1.5 billones de toneladas de carbono. En comparación, las emisiones de carbono generadas por los humanos desde el inicio de la Revolución Industrial hasta el año 2018, ascienden a casi 585 mil millones de toneladas de carbono (gigatoneladas o GtC, también equivalentes a 2,147 Gt de CO_2). Estas emisiones continúan aumentado en casi 13 GtC (48 $GtCO_2$) al año.

Las emisiones de gases de efecto invernadero (GEI) generados por el hombre ya han aumentado la temperatura media global en 1 °C. En la región ártica, el aumento de la temperatura es varios grados mayor. Esto ha dado como resultado la disminución del 20% del suelo permafrost y la detonación de emisiones de metano (CH_4), un GEI 20 veces más potente que el CO_2. Los climatólogos estiman que por sí solas, las emisiones del permafrost aumentarán la temperatura promedio global en 0.3 °C para finales de este siglo. Incluso más alarmante es el hecho de que las emisiones del permafrost continuarán por cientos de

more potent than CO_2. By the end of this century, climatologists estimate permafrost emissions alone will increase the global average temperature by 0.3 °C. More alarming, permafrost emissions will continue for hundreds of years, potentially adding more GHGs to the atmosphere than humanity has added since the industrial revolution if current global GHG emissions continue as business-as-usual.

More than a quarter century ago, nations negotiated the UN Framework Convention on Climate Change (UNFCCC) and agreed to prevent "dangerous" levels of atmospheric concentration of GHGs. A new understanding of dangerous levels has emerged from a vast amount of evidence accumulated since 1992, along with more powerful climate models and an unending series of record-setting, immensely costly weather disasters. One degree Celsius is already a dangerous level.

Climatologists and ecologists are discovering even greater sensitivity to increasing concentrations of atmospheric GHG emissions than previously assumed. With just 1 °C of global average temperature increase, diverse ecosystems are being impacted and changes are occurring in planetary dynamics. Abrupt permafrost thawing is one among 20 identified major biosphere feedbacks that could become tipping points, releasing vast pulses of GHG emissions and driving the climate system far beyond dangerous levels. Some feedbacks are occurring more rapidly and severely than projected by even recent climate models, as in the case of permafrost methane emissions.

In the matter of permafrost, it has long been assumed CO_2 emissions would happen gradually, given terrestrial landscapes experience shallow seasonal thawing of a few centimeters, occurring over long time frames. While there is some release of the permafrost surface soil carbon, vegetation regrowth often offsets the carbon losses. New research is finding abrupt changes to be the norm, and methane, not CO_2, the dominant emission. This is due to the emergence of millions of thermokarst lakes, freshwater bodies that form in the depressions created by thawing of ice-abundant permafrost. They flash thaw the

◂ *Lobodon carcinophagus*
Crabeater seals | Focas cangrejeras
Cuverville, Antarctica | Cuverville, Antártida
CRISTINA MITTERMEIER. NATIONAL GEOGRAPHIC IMAGE COLLECTION

años, potencialmente añadiendo a la atmósfera más GEI del que la humanidad ha agregado desde el inicio de la Revolución Industrial si las emisiones continúan al mismo ritmo.

Hace más de 25 años, varios países negociaron La Convención Marco de las Naciones Unidas sobre el Cambio Climático (CMNUCC), donde acordaron prevenir la concentración de niveles "peligrosos" de GEI en la atmósfera. Hoy en día se tiene un nuevo entendimiento de los niveles de peligrosidad de los GEI basado en la gran cantidad de evidencia acumulada desde 1992, acompañada de modelos climáticos más poderosos, y los incontables desastres climatológicos tan costosos que no se habían visto antes. Un sólo grado Celsius ya es peligroso.

Los climatólogos y ecologistas están descubriendo que la sensibilidad al aumento de la concentración de las emisiones de GEI en la atmósfera es aún mayor que la que se suponía anteriormente. El aumento de tan solo 1 °C en la temperatura media global está afectando los diversos ecosistemas y las dinámicas del planeta están cambiando. El repentino deshielo del permafrost es uno de los 20 factores que se han identificado como posibles puntos de inflexión que pudieran desatar la emisión de grandes bloques de GEI, elevando al sistema climático a niveles que sobrepasen los límites de riesgo. Algunas de estas retroalimentaciones están sucediendo de manera más rápida y severa que lo previsto, incluso por las proyecciones de modelos climáticos recientes, como es el caso de las emisiones de gas metano del permafrost.

Con respecto al permafrost, siempre se había asumido que las emisiones de CO_2 sucederían gradualmente, ya que estas áreas experimentan el deshielo de unos cuantos centímetros de manera estacionaria. A pesar de que la superficie del suelo permafrost libera algo de carbono, el crecimiento de nueva vegetación usualmente compensa esta pérdida. Nuevas investigaciones están descubriendo que los cambios *repentinos* se han convertido en la norma y que el metano, y no el CO_2, es la emisión dominante. Esto se debe al surgimiento de millones de lagos termokarst, que son cuerpos de agua dulce formados en las depresiones que se crean cuando se derrite el permafrost. Este suelo se descongela rápidamente hasta una profundidad de 15 metros por debajo de lagos de deshielo, o más, lo cual desencadena las emisiones de metano. El Dr. K. Walter Anthony, uno de los científicos líderes en el tema del permafrost, subraya que: "una vez formados, los lagos de talik continúan haciéndose más profundos, incluso en climas muy fríos,

Alaska, Yukon, USA | Alaska, Yukón, EUA ▶

PAUL NICKLEN. NATIONAL GEOGRAPHIC IMAGE COLLECTION

PAGE 171 | PÁGINA 171

Rapa River Delta, Sarek National Park, Lappland, Sweden | ▼
Delta del Río Rapa, Parque Nacional Sarek, Laponia, Suecia

GEORGE STEINMETZ

PAGES 172-173 | PÁGINAS 172-173

Kluane National Park, Canada | Parque Nacional Kluane, Canadá ▼

PAUL NICKLEN. NATIONAL GEOGRAPHIC IMAGE COLLECTION

permafrost, thawing 15 meters and deeper beneath these thermokarst lakes and triggering methane releases. As leading permafrost scientist Dr. K. Walter Anthony emphasizes, "Once formed, lake taliks continue to deepen even under colder climates, mobilizing carbon that was sequestered from the atmosphere over tens of thousands of years. The release of this carbon as CH_4 and CO_2 is irreversible in the 21st century."

Only gradual permafrost emission estimates are included in climate models, not abrupt permafrost emissions, resulting in the underestimation of actual emission releases by more than a factor of two. Modeling such complex dynamics leads to a broad spectrum of future emission projections that range from tens of gigatons of carbon that could be released from permafrost thawing this century to potentially more than 600 GtC (2,200 $GtCO_2$) released by 2299. Net economic losses are estimated at $2.5 trillion this century, with higher temperature scenarios possibly increasing costs sixteenfold.

In addition to record-breaking temperatures, the increase in subarctic and high-arctic wildfires (including some of the biggest fires in the world) are undermining the earlier expectations that revegetation would offset the emissions from thawing surface permafrost. As the wildfires burn deeper into the permafrost, they accelerate thawing and methane releases, raising the specter of another climate feedback tipping point, further accelerating greater methane emissions.

The massive amounts of GHGs at risk of being released by abrupt permafrost thawing (and the other tipping points) could be largely thwarted if humanity accomplishes the goal of the Paris Climate Agreement to limit temperature rise to 1.5 °C. Given current climate policies, the world is on a trajectory to increase the global average temperature to a cataclysmic 4 °C by the end of this century. Preventing the permafrost thawing tipping point requires no less than reducing the world economy's 13 GtC (48 $GtCO_2$) of annual emissions to zero within the 2040 to 2060 time frame while implementing negative emission technologies for the rest of the century.

movilizando el carbono que había sido secuestrado de la atmósfera durante miles de años. La liberación de carbono en forma de CH_4 y CO_2 es irreversible en el siglo XXI".

Los modelos climáticos sólo toman en cuenta las emisiones graduales, y no las emisiones repentinas del permafrost, lo que ocasiona que los números estimados estén por debajo de la mitad de las emisiones reales. Las proyecciones generadas por los modelos de estas dinámicas tan complejas arrojan rangos muy amplios de emisiones futuras. Estas oscilan desde las decenas de gigatoneladas de carbono que podrían ser liberadas por el deshielo del permafrost durante este siglo, hasta la posible liberación de más de 600 GtC (2,200 $GtCO_2$) hacia el 2299. Se estima que las pérdidas económicas netas de este siglo podrían llegar a los $2.5 billones de dólares, con la posibilidad de que temperaturas aún mayores aumenten los costos hasta 16 veces.

Además de las temperaturas récord que se han registrado, los incendios forestales en el Ártico Bajo y Alto, algunos de los mayores siniestros del mundo, están acabando con la esperanza de que la recuperación de la vegetación pueda compensar las emisiones generadas por el deshielo del permafrost. A medida de que los incendios forestales queman la capa permafrost a mayor profundidad, se acelera el deshielo y las emisiones de metano. Esto eleva la posibilidad de tener otro punto de inflexión en la retroalimentación climática, lo que aceleraría aún más las grandes emisiones de metano.

Las enormes cantidades de GEI que están en peligro de ser liberadas por el deshielo repentino del permafrost (y los otros puntos críticos) se podrían evitar si la humanidad cumple con la meta del Acuerdo de París de limitar el aumento de la temperatura a 1.5 °C. Con las políticas climáticas actuales, el planeta corre el riesgo de elevar en 4 °C la temperatura media global para finales de siglo, lo cual tendría un resultado catastrófico. Si no queremos llegar al punto de inflexión del descongelamiento del permafrost, por lo menos es necesario reducir a cero las 13 GtC (48 $GtCO_2$) de emisiones generadas por la industria durante el periodo 2040-2060, implementando al mismo tiempo tecnologías de emisiones negativas durante el resto del siglo.

Oceans | Océanos

Jennifer Howard, PhD, and Emily Pidgeon, PhD

The oceans are the largest carbon sinks on Earth, absorbing 30% of heat-trapping carbon dioxide that we humans have released into the atmosphere. The oceans have also absorbed 90% of the extra heat, dramatically slowing the impacts of climate change on the atmosphere up to now. However, we know the future capacity of the oceans to continue as carbon and heat sinks will soon reach its limit, with devastating potential impacts for life on Earth.

Our immense oceans are always connected to the atmosphere. As waves move and break at the interface between the two, carbon dioxide passes from the air to ocean water. Currents then move that water, and with it the carbon dioxide, to all the corners of the oceans. Once reaching the deepest parts of the ocean, thousands of meters below the surface and far away from the atmosphere, the gas is locked away for millennia and can no longer contribute to climate change.

It is not only the ocean currents that transport carbon dioxide away from the atmosphere; the oceans are brimming with interconnected life that consumes, cycles, and eventually sequesters carbon dioxide away into the deep ocean. First to consume carbon dioxide in the

◄ *Megaptera novaeangliae*
Humpack whale and large calf | Ballena jorobada con cría
Vava'u, Kingdom of Tonga, South Pacific | Vava'u, Reino de Tonga, Pacífico Sur
DOUG PERRINE

FOLLOWING PAGES | PÁGINAS SIGUIENTES
▼ Global epicenter of marine biodiversity |
Epicentro mundial de la biodiversidad marina
Raja Ampat, West Papua, Indonesia | Raja Ampat, Papúa Occidental, Indonesia
SHAWN HEINRICHS

Los océanos son el sumidero de carbono más grande de la tierra. Aquí se absorbe el 30% del dióxido de carbono de efecto invernadero que los humanos liberamos a la atmósfera. Hasta ahora, los océanos también se han encargado de absorber el 90% del exceso de calor, disminuyendo en gran medida el impacto del cambio climático en la atmósfera. Sin embargo, sabemos que pronto llegará al límite su capacidad de seguir funcionando como un sumidero de carbono y de calor, lo que podría tener un impacto devastador sobre la vida en la Tierra.

Nuestros inmensos océanos siempre están conectados con la atmósfera. Cuando las olas se rompen en la superficie, el dióxido de carbono se transfiere de la atmósfera al mar. Después, las corrientes mueven el agua a todos los rincones de los océanos, y con ella el dióxido de carbono. Una vez que el gas llega a las partes más profundas de los océanos, miles de metros por debajo de la superficie y lejos de la atmósfera, éste queda atrapado por miles de años y ya no puede contribuir al cambio climático.

Las corrientes de agua no son las únicas que se llevan el dióxido de carbono de la atmósfera, sino que los océanos están repletos de formas de vida interconectadas que consumen, circulan, y eventualmente secuestran el dióxido de carbono en las profundidades. El primero en consumir dióxido de carbono en la superficie de los océanos es el fitoplancton, unas microscópicas plantas que a través del proceso de fotosíntesis utilizan la luz solar para mezclar el agua y el dióxido de carbono para generar energía, que es la base de la compleja cadena alimentaria de los océanos. El fitoplancton es el alimento que consumen todos, desde el microscópico zooplancton hasta pequeños camarones y peces, que a su vez son el alimento de animales más grandes. Es así como el carbono circula a través de la vida en los océanos.

oceans are phytoplankton at the surface. Through the process of photosynthesis, these microscopic plants use sunlight to combine water and carbon dioxide to produce energy, the very foundation of the complex ocean food web. Phytoplankton then feed everything from microscopic zooplankton to small shrimp and fish. Smaller animals are eaten by bigger ones and so the carbon is cycled throughout life in the oceans.

While all marine species contain carbon, there are a few standouts. Globally, phytoplankton contains 0.5–2.4 billion tons of carbon. But as the base of most phytoplankton is consumed, only a small yet important fraction (0.22% or 90.2 million tons of carbon a year) will die, sink, and become sequestered long-term in the sediments on the ocean floor. Through this process, phytoplankton sequester almost as much carbon dioxide as all the trees, grasses, and all other land-based plants combined.

All marine animals play an essential role cycling carbon through the oceans by building up carbon in their bodies and releasing that carbon when they breathe, defecate, and die. Some species, like whales and other large and long-lived species, accumulate large amounts of carbon in their bodies that eventually sink to the ocean depths upon their deaths. Additionally, when these immense animals defecate, the nutrients and carbon can feed phytoplankton and other small animals at the base of the food chain, encouraging further carbon removal from the water and atmosphere and further expanding the cycle of life in the oceans. And while all life is essential for healthy oceans, the presence or abundance of these larger animals does not increase the transfer of carbon to the ocean floor. Phytoplankton and a few microscopic animals, while small in size, are so abundant throughout the oceans that they account for almost all the transfer of carbon to the deep ocean and hence for the long-term removal of carbon from the oceans and atmosphere. Phytoplankton are the small but mighty force behind the "biological pump" that shuttles carbon from the atmosphere to the ocean deep.

◄ The island of Huahine-Iti, French Polynesia |
La isla de Huahine-Iti, Polinesia Francesa
CRISTINA MITTERMEIER. NATIONAL GEOGRAPHIC IMAGE COLLECTION

Si bien todas las especies marinas contienen carbono, hay algunas que sobresalen. Globalmente, el fitoplancton contiene entre 500 y 2,400 millones de toneladas de carbono. Sin embargo, a pesar de que la gran mayoría del fitoplancton se consume, solo una pequeña pero importante parte (0.22% o 90.2 millones de toneladas de carbono al año) muere, se hunde y queda secuestrada a largo plazo en los sedimentos del suelo marino. A través de este proceso, el fitoplancton retiene casi tanto dióxido de carbono como todos los árboles, pastos y el resto de las plantas terrestres en conjunto.

Todos los animales marinos tienen un papel esencial en el ciclo del carbono de los océanos al acumular carbono en sus cuerpos, para después liberarlo al respirar, defecar, o morir. Algunas especies como las ballenas y otros animales grandes y longevos, acumulan grandes cantidades de carbono en sus cuerpos, que eventualmente llega a la profundidad de los océanos cuando mueren. Además, cuando estos inmensos animales defecan, los nutrientes y el carbono alimentan al fitoplancton y a otros animales pequeños que forman la base de la cadena alimentaria, propiciando una mayor eliminación del carbono del agua y de la atmósfera, y expandiendo con esto el ciclo de la vida en los océanos. Aunque todas las formas de vida son esenciales para la salud de los océanos, la presencia o abundancia de estos grandes animales no es lo que propicia la mayor transferencia de carbono al fondo de los océanos. El fitoplancton y algunos animales microscópicos, aunque pequeños, son tan abundantes en los océanos que son los responsables de la mayor parte de estas transferencias y por lo tanto de la eliminación a largo plazo del carbono de los océanos y de la atmósfera. El fitoplancton es la fuerza pequeña pero poderosa que está detrás del "bombeo biológico" que transporta el carbono desde la atmósfera hasta las profundidades de los océanos.

En los océanos y a lo largo de nuestras costas existen otras plantas y algas que absorben el dióxido de carbono. Algunas, como las de los manglares, los pastos marinos y las marismas salobres, entierran el carbono directamente en los sedimentos debajo de ellas y lo mantienen secuestrado durante milenios.

Los grandes lechos de algas, como los extensos bosques de sargazo que están a lo largo de las costas de California y Noruega, absorben el carbono, y al mismo tiempo proporcionan hábitats vitales para una biodiversidad única que está en peligro de extinción. Existen más de

Phacellophora camtschatica ▶
Egg yolk jellyfish | Medusa yema de huevo
Great Bear Sea, British Columbia, Canada |
Mar el Gran Oso, Columbia Británica, Canadá
MITTERMEIER. NATIONAL GEOGRAPHIC IMAGE COLLECTION

There are other plants and algae in the oceans and along our coasts that absorb carbon dioxide. Some, like mangroves, seagrasses, and tidal saltmarshes, bury carbon directly in the sediment below them and keep it sequestered for millennia. Large algae beds—like the extensive kelp forests along the coasts of California and Norway—absorb carbon while also providing critical habitat for unique and endangered biodiversity. There are more than two million hectares of kelp habitat globally, mostly in colder, higher latitude, near-coastal regions. This kelp is thought to hold up to 125 million tons of carbon. However, like most algae, kelp is quickly consumed for food or decays, and it is not clear how much kelp carbon is ultimately buried in the seafloor and out of the atmosphere.

Every day we depend on the oceans to be a buffer against climate change, but the capacity of the oceans to remove carbon from the atmosphere and balance the Earth's climate is already weakening. The latest scientific predictions tell us that if we continue to increase carbon dioxide in our atmosphere, the oceans will no longer provide the protection from climate change on which we so critically depend.

dos millones de hectáreas de hábitats de sargazo a nivel mundial, generalmente cerca de regiones costeras, en latitudes altas y frías. Se cree que es posible que el sargazo puede almacenar hasta 125 millones de toneladas de carbono. Sin embargo, como la mayoría de las algas, el sargazo se consume rápidamente como alimento o se descompone. Es por esto que no queda claro cuánto carbono del sargazo permanece secuestrado en el suelo marino y fuera de la atmósfera.

Todos los días dependemos de los océanos para que actúen como un amortiguador contra el cambio climático, pero su capacidad de eliminar el carbono de la atmósfera y de equilibrar el clima de la tierra se está debilitando. Las predicciones científicas más recientes nos dicen que si continúa el aumento de dióxido de carbono en nuestra atmósfera, los océanos ya no podrán proporcionar la protección contra el cambio climático de la que tanto dependemos.

The sea in East Iceland | El mar en Islandia Oriental ▶
IÑAKI RELANZÓN

FOLLOWING PAGES | PÁGINAS SIGUIENTES
Mobula munkiana ▼
Manta devil ray | Manta diablo
La Paz, Baja California Sur, Mexico | La Paz, Baja California Sur, México
WATERFRAME. ALAMY STOCK PHOTO

Mangroves | Manglares

María Claudia Díazgranados and Jennifer Howard, PhD

Tropical coastlines all over the world are lined with the complex and beautiful forests of mangroves. These unique trees are as diverse as the coastlines they occupy, from the dwarf mangroves of Everglades National Park in Florida to the dense three-story forests that line the Pacific coast of Colombia to the vast mangrove area of the Sundarbans in Bangladesh to the giant mangroves on the coast of Gabon—some of the tallest in the world. Approximately 80 species of mangrove trees are found in 123 countries, and they cover an estimated global area of between 13 and 15 million hectares. Indonesia alone is home to 20% of all the mangrove area in the world.

Mangrove forests are vital coastal ecosystems, providing a unique habitat for a rich biodiversity of plants and animals. Many species of invertebrates, fish, amphibians, birds, reptiles, and mammals find shelter inside these forests. White-tailed deer, sea turtles, caimans, crocodiles, manatees, Bengal tigers, blue-billed curassow, and black clams are among some of the most endangered species found living within these coastal forests.

◄ *Bruguiera gymnorrhiza*
Knee roots of mangroves, West Papua, Indonesia |
Raíces rodilla de manglar, Papúa Occidental, Indonesia
JÜRGEN FREUND

FOLLOWING PAGES | PÁGINAS SIGUIENTES
▼ Mangrove forest at high tide, Raja Ampat, West Papua, Indonesia |
Bosque de manglar durante la marea alta, Raja Ampat, Papúa Occidental, Indonesia
JÜRGEN FREUND

Los litorales tropicales de todo el planeta están cubiertos por complejos y hermosos bosques de mangle. Estos singulares árboles son tan diversos como los litorales que ocupan: desde los manglares enanos del Parque Nacional de los Everglades, en Florida; los densos bosques que bordean la costa del pacifico colombiano que llegan a una altura de tres pisos; la vasta extensión de manglares de los Sundarbans, en Bangladesh; hasta los manglares gigantes en la costa de Gabón, unos de los más altos del mundo. Se pueden encontrar casi 80 especies de árboles de mangle en 123 países, que cubren un área aproximada de 13 a 15 millones de hectáreas a nivel mundial. Tan solo Indonesia alberga el 20% de toda la superficie de manglar del mundo.

Los bosques de manglar son ecosistemas costeros vitales. Proporcionan un hábitat único para una gran diversidad de plantas y animales. Muchas especies de invertebrados, peces, anfibios, aves, reptiles, y mamíferos encuentran refugio en estos bosques. El venado de cola blanca, las tortugas marinas, los caimanes, los cocodrilos, los manatíes, los tigres de bengala, el paujil de pico azul y las almejas negras son algunas de las especies en peligro de extinción que se pueden encontrar viviendo en estos bosques costeros.

Millones de personas dependen de los bosques de manglar. Los manglares proporcionan fuentes importantes de alimentos, recursos pesqueros e ingresos para algunas de las comunidades más vulnerables del mundo; y además actúan como barreras contra desastres naturales como los tsunamis o huracanes. También reducen el impacto del aumento del nivel del mar, fortaleciendo las líneas costeras donde crecen y protegiendo a la tierra de la erosión. Los manglares preservan la calidad del agua de las costas al retener sedimentos, nutrientes y contaminantes, sirviendo como un sistema natural de purificación del

Millions of people depend on mangrove forests. Mangroves provide some of the world's most vulnerable communities with critical sources of food security, fishery resources, and income, and act as a shield from natural disasters such as hurricanes and tsunamis. They reduce the impact of sea level rise by building up the coastline as they grow and protecting land from erosion. Mangroves maintain coastal water quality by trapping sediment, nutrients, and pollutants to act as a natural water purification system. This is particularly important in many tropical countries where urban populations have limited sewage and waste systems and extensive shipping operations that often pollute large coastal areas. Lastly, mangrove forests have important recreational and cultural value to many coastal communities, bringing sustainable economic incomes from bird-watching and other nature-based tourism in addition to playing an important role in cultural practices and identity.

The most important value of mangroves may be their role in addressing climate change. Mangrove forests remove up to four times more carbon from the atmosphere and ocean per hectare than terrestrial forests. As a consequence, mangrove ecosystems can store up to ten times more carbon per unit area than terrestrial forests. Mangrove ecosystems currently store between 5,600 and 6,100 million tons of carbon worldwide. In turn, when mangroves are degraded or destroyed, these carbon stores that took millennia to accumulate are released in a matter of years, turning an important carbon sink into a significant carbon source. In Indonesia, 250,000 hectares of abandoned shrimp aquaculture ponds that were once pristine mangroves now emit up to seven million metric tons of carbon dioxide per year. Restoring these abandoned ponds back to mangrove habitat would not only halt these greenhouse gas emissions, but also absorb up to 32 million metric tons of carbon dioxide annually. Taken together, the restoration of mangroves could result in 39 million metric tons of

◀ *Crocodylus acutus*
American crocodile | Cocodrilo americano
Gardens of the Queen Marine Protected Area, Cuba |
Área Marina Protegida, Jardines de la Reina, Cuba
CRISTINA MITTERMEIER. NATIONAL GEOGRAPHIC IMAGE COLLECTION

agua. Esto es especialmente importante en muchos países tropicales, donde las poblaciones urbanas tienen sistemas limitados de drenaje y manejo de residuos, y las grandes operaciones de transporte marítimo a menudo contaminan extensas áreas de las zonas costeras. Por último, los bosques de manglar tienen un importante valor cultural y recreativo para muchas comunidades costeras, generando ingresos económicos sustentables a través de la observación de aves y otros tipos de turismo basado en la naturaleza; además de tener un papel importante en la identidad y las prácticas culturales.

El valor más importante de los manglares puede ser el papel que tienen en relación con el cambio climático. Los bosques de manglar eliminan hasta cuatro veces más carbono por hectárea de la atmósfera y el océano que los bosques terrestres. Como consecuencia de esto, los ecosistemas de manglar pueden almacenar hasta diez veces más carbono por unidad de superficie que los bosques terrestres. En la actualidad, los ecosistemas de manglares almacenan entre 5,600 y 6,100 millones de toneladas de carbono a nivel mundial. Cuando los manglares se degradan o destruyen, estos depósitos de carbono que tardaron miles de años en acumularse son liberados en poco tiempo, convirtiendo a un importante sumidero en una fuente relevante de emisión de carbono. En Indonesia existen 250,000 hectáreas de estanques de cultivo de camarón abandonados. Alguna vez fueron manglares prístinos y ahora emiten hasta 7 millones de toneladas de dióxido de carbono al año. Al restaurar estos estanques para que vuelvan a ser hábitats de manglar, no solo se detendrían estas emisiones de gases de efecto invernadero, sino que también se absorberían hasta 32 millones de toneladas de dióxido de carbono al año. Si se toman estos dos factores, la restauración de los manglares podría eliminar o evitar la emisión de hasta 39 millones de toneladas de carbono, que equivalen a las emisiones anuales de 8.1 millones de automóviles.

A escala global, los manglares comprenden tan solo el 2% de los bosques tropicales del mundo, pero su degradación y destrucción anual es responsable del 20% de las emisiones globales relacionadas con la deforestación tropical, es decir, cerca de 2,250 millones de toneladas de dióxido de carbono al año, o el equivalente a las emisiones anuales de más de 475 millones de autos. Desde 1980, la Tierra ha perdido alrededor de 3.6 millones de hectáreas de manglar. La mayoría de estas pérdidas han ocurrido en el Sureste Asiático debido a los cambios

Egretta caerulea, Rhizophora mangle ▶
Little blue heron and wall of red mangroves |
Pequeña garza azul y pared de mangle rojo
Caroni swamp, Trinidad and Tobago | Humedal Caroní , Trinidad y Tobago
TIM LAMAN

removed or avoided carbon emissions—the equivalent annual emissions of 8.1 million cars.

At a global scale, mangroves comprise only 2% of the world's tropical forest, but their annual degradation and destruction is resulting in 20% of global emissions related to tropical deforestation at some 2.25 billion metric tons of carbon dioxide each year: the equivalent annual emissions from over 475 million cars. The world has lost nearly 3.6 million hectares of mangroves since 1980, with most of that loss occurring in Southeast Asia due to land use changes, conversion of ecosystems into aquaculture projects, illegal logging, and industrial and urban coastal development, among other human activities. These impacts are expected to continue and be exacerbated by climate change and population growth. Other major losses have also been reported in Central America and Africa, making mangroves one of the world´s most threatened ecosystems.

Halting ongoing mangrove loss and restoring mangrove forests globally provides a unique opportunity to simultaneously combat climate change while helping millions of people adapt to the impacts. It is critical to mobilize governments, institutions, communities, and individuals to protect this "super" ecosystem. Under the historic 2015 Paris Climate Agreement, 70 countries explicitly included mangroves in their commitments to reducing greenhouse gas emissions, reducing climate change, and protecting their citizens. While this is an important start, we now must turn these commitments into action for what might be the Earth's most important ecosystem.

en el uso del suelo, la conversión de ecosistemas en desarrollos acuícolas, la tala ilegal y los desarrollos urbanos e industriales en las zonas costeras, entre otras actividades humanas. Se pronostica que estos efectos continúen y se agudicen con el cambio climático y el crecimiento de la población. Además, se han reportado importantes pérdidas en Centroamérica y África, convirtiendo a los manglares en unos de los ecosistemas más amenazados del mundo.

Detener la constante pérdida de bosques de manglar y restaurar estas zonas a nivel global, ofrece una oportunidad única para combatir el cambio climático, así como ayudar a millones de personas a adaptarse a sus efectos. Es de vital importancia movilizar a los gobiernos, las instituciones, las comunidades y a los individuos para proteger estos "super" ecosistemas. Bajo el marco del histórico Acuerdo de Paris del 2015, 70 naciones incluyeron de manera explícita a los manglares en sus compromisos para reducir los gases de efecto invernadero, reducir el cambio climático y proteger a sus ciudadanos. Aunque este es un punto de partida importante, ahora debemos convertir estos compromisos en acciones que favorezcan a los que posiblemente sean los ecosistemas más importantes del planeta.

Rhizophora mangle ▶
Gardens of the Queen Marine Protected Area, Cuba |
Área Marina Protegida, Jardines de la Reina, Cuba
CRISTINA MITTERMEIER. NATIONAL GEOGRAPHIC IMAGE COLLECTION

FOLLOWING PAGES | PÁGINAS SIGUIENTES
Boca Grande river mouth and estuary lined with mangroves, Coiba Island, Panama | ▼
Río y estuario Boca Grande bordeado por manglares Isla Coiba, Panamá
TIM LAMAN

Tidal Saltmarshes | Marismas Salobres

Jorge Ramos, PhD

Tidal saltmarshes are the link that connects the freshwater and ocean habitats found along the coasts of every continent except Antarctica. These unique and rich ecosystems are dominated by thick grasses and shrubs that have adapted to live in muddy soils and salty water brought in each day by the tides. Their unique coastal location allows saltmarshes to provide many benefits. They improve coastal water quality and serve as habitat for a unique biodiversity including crabs, shrimp, fish, and thousands of migratory birds. By combining large areas with their lush vegetation and muddy soils, saltmarshes reduce the impact of waves and storms, protecting the shoreline from erosion and flooding, and ultimately, protecting humans living in coastal regions.

Tidal saltmarshes are constantly fighting climate change. Their vegetation continuously absorbs carbon in the form of carbon dioxide through the natural process of photosynthesis and stores it in leaves, stems, and roots. As each generation of plants die, their carbon is preserved in the low oxygen and high-salt conditions of the soil below. At many sites around the world, thousands of years of carbon-rich soil lie below tidal saltmarshes. At the same time, due to their coastal location, saltmarshes trap sediment as it washes across from both land and sea.

◄ *Recurvirostra americana*
American avocet | Avoceta americana
Galveston, Texas, USA | Galveston, Texas, EUA
IVAN KUZMIN. ALAMY STOCK PHOTO

▼ Cape Sable Island, Nova Scotia, Canada |
Isla de Cabo Sable, Nueva Escocia, Canadá
GAERTNER. ALAMY STOCK PHOTO

Las marismas salobres son los lugares donde el agua dulce entra en contacto con los hábitats marinos y se localizan a lo largo de las costas en todos los continentes, excepto en la Antártida. En estos ecosistemas ricos y únicos predominan los pastos gruesos y los arbustos que se han adaptado a vivir entre el suelo fangoso y el agua salada que a diario llega con la marea. La ubicación costera singular que tienen las marismas les permite proporcionar muchos beneficios, como mejorar la calidad del agua de las costas y servir de hábitat para una biodiversidad única que incluye cangrejos, camarones, peces y miles de aves migratorias. Al combinar las extensas áreas con la frondosa vegetación y los suelos fangosos, las marismas pueden reducir el impacto de las olas y las tormentas, protegiendo a las costas de la erosión y de las inundaciones, y con ello a los habitantes de las regiones costeras.

Las marismas luchan de manera constante contra el cambio climático. Su vegetación continuamente absorbe el carbono del dióxido de carbono a través del proceso natural de la fotosíntesis, almacenándolo en hojas, tallos y raíces. Al morir cada generación de plantas, su carbono se conserva en el suelo debido a las condiciones de alta salinidad y bajo oxígeno. En muchos sitios del mundo, debajo de las marismas se ha acumulado el equivalente a miles de años de suelo rico en carbono. Al mismo tiempo y debido a su ubicación costera, las marismas atrapan el sedimento que llega con el agua de la tierra y el mar. Este sedimento no sólo contiene carbono, y sus otros componentes también hacen que el humedal siga creciendo verticalmente, lo que en la mayoría de los casos significa que las marismas están subiendo junto con el nivel del mar. La combinación de la fotosíntesis de las plantas y la constante captura y almacenamiento de carbono en el suelo, hace que las marismas sean unos de los ecosistemas más eficientes para

This sediment not only contains carbon but also allows for the marsh to keep expanding upwards and, in most cases, means that saltmarshes are rising along with sea level rise. Combining plant photosynthesis with the constant trapping and storing of carbon in the soil makes saltmarshes one of the most efficient ecosystems in sequestering carbon—up to 2.2 tons of carbon per hectare per year.

The global area of tidal saltmarshes is unknown but estimated to be between 2 and 40 million hectares. While much saltmarsh has been mapped locally, we currently do not have the technology to map saltmarsh globally. These gaps in global saltmarsh data have hindered our capacity to understand their degradation and declines worldwide. Recent studies show saltmarshes continue to decline worldwide, having historically lost between 25% and 50% of their global extent. Historically, saltmarsh has been converted for agriculture, cattle-ranching lands, and urban and industrial development, and these threats continue today. Tidal saltmarshes are also vulnerable to the impacts of climate change. The increasing severity and frequency of powerful storms disturbing coastal areas worldwide are eroding these ecosystems. Although saltmarshes have natural adaptations to sea level changes, the accelerating rate of sea level rise may mean saltmarshes are unable to respond fast enough.

When degraded or destroyed, saltmarshes can release all the carbon stored in their plants and soils back into the atmosphere, contributing to climate change. The amount of carbon in all tidal saltmarshes is estimated to be between 570 and 10,000 million tons. Given current rates of tidal saltmarsh loss (1-2% per year of the global extent), total global carbon emissions are likely to be up to 0.2 gigatons of CO_2 per year. Loss of all saltmarshes globally would result in up to 23 billion tons of CO_2 being released into the atmosphere.

Communities are beginning to understand the critical value of saltmarshes and are increasingly protecting and restoring these coastal areas. In the San Francisco Bay of northern California, saltmarshes have

◄ *Anas crecca*
Common teal flock | Parvada de cercetas
Steart Marshes, Somerset, United Kingdom | Marismas de Steart, Somerset, Reino Unido
NICK UPTON. NATUREPL.COM

secuestrar carbono, reteniendo hasta 2.2 toneladas de carbono por hectárea al año.

Aunque se desconoce la extensión global de las marismas, se estima que existen entre 2 y 40 millones de hectáreas de éstas. A pesar de que se han mapeado muchas marismas a nivel local, aun no tenemos la tecnología para hacerlo a nivel mundial, y esta falta de datos ha obstaculizado nuestra capacidad para entender la degradación y declive de las marismas salobres del mundo. Algunos estudios recientes muestran que las marismas del planeta siguen disminuyendo, habiendo perdido entre el 25% y el 50% de su extensión global. Históricamente, las marismas han sido convertidas en tierras de agricultura, ganadería y en desarrollos urbanos e industriales, y estas amenazas siguen vigentes. Las marismas también son vulnerables ante los impactos del cambio climático. La creciente severidad y frecuencia de las fuertes tormentas que alteran las zonas costeras de todo el mundo están erosionando estos ecosistemas. Aunque las marismas se adaptan de forma natural a los cambios de nivel del mar, el ritmo acelerado con el que está subiendo podría hacer que las marismas no puedan reaccionar lo suficientemente rápido.

Cuando se degradan o destruyen, las marismas pueden liberar a la atmósfera todo el carbono que tenían almacenado en sus plantas y suelo, contribuyendo así al cambio climático. Se estima que el carbono almacenado en todas las marismas es de 570 a 10,000 millones de toneladas. Considerando los índices actuales de pérdida de marismas (1-2% del total global cada año), el total de emisiones globales de carbono podría alcanzar hasta 0.2 Gigatoneladas de CO_2 anualmente. La pérdida de todas las marismas del mundo resultaría en la liberación de hasta 23 mil millones de toneladas de CO_2 a la atmósfera.

Las comunidades están empezando a comprender el valor fundamental de las marismas y están aumentando la protección y restauración de estas zonas costeras. En la bahía de San Francisco, al norte de California, se han restaurado las marismas para reducir el impacto de las inundaciones en las comunidades; y para proporcionar una línea de defensa contra el aumento del nivel del mar. De manera similar, en el Mar de Wadden, declarado como patrimonio de la humanidad en Europa por la UNESCO, las marismas están aumentando a un ritmo de 200 hectáreas al año debido a su estatus de protección. La mayoría de estas nuevas marismas son el resultado de restauraciones

uth, New Hampshire, USA | ▶
outh, New Hampshire, EUA
ARMAS. ALAMY STOCK PHOTO

been restored to reduce the impact of flooding events on communities and provide a line of defense against sea level rise. Similarly, in the Wadden Sea UNESCO World Heritage site in Europe, saltmarshes are expanding at a rate of 200 hectares per year due to their protected status. Most of these new saltmarshes are a result of man-made restoration. Like restored saltmarshes globally, these new saltmarsh areas have demonstrated that restored saltmarshes can sequester carbon at the same rate as undisturbed tidal saltmarshes. Restoring saltmarsh ecosystems provides an example of working with nature to fight climate change globally and improving the lives of coastal communities as they adapt to climate change.

hechas por el hombre. Al igual que las marismas restauradas en todo el planeta, estas nuevas áreas han demostrado que pueden secuestrar carbono al mismo nivel que las marismas salobres intactas. La restauración de los ecosistemas de marismas salobres es un ejemplo del trabajo en conjunto con la naturaleza para combatir el cambio climático global, y mejorar la calidad de vida de las comunidades costeras en tanto se adaptan al cambio climático.

Barn Island Wildlife Management Area, Connecticut, USA | ▶
Área de manejo de vida silvestre, Connecticut, EUA
GEORGE OSTERTAG. ALAMY STOCK PHOTO

FOLLOWING PAGES | PÁGINAS SIGUIENTES
Egretta rufescens ▼
Reddish egret | Garceta rojiza
Galveston, Texas, USA | Galveston, Texas, EUA
IVAN KUZMIN. ALAMY STOCK PHOTO

Seagrasses | Pastos Marinos

Emily Pidgeon, PhD

While largely unseen, seagrasses cover the shallow slopes of coastlines from the tropics to the Arctic. Like grasses found on land, seagrasses can form dense underwater meadows, some large enough to be seen from space. These immense areas provide habitat to a highly diverse community of animals, from tiny shrimp to large fish, crabs, turtles, and marine mammals such as dugong and sea otters. Seagrass meadows are essential to people around the world for fisheries, coastal protection and maintaining water quality. However, the least known value of seagrasses may be their most important. While seagrass meadows occupy less than 0.2% of the ocean area, 10% of the climate change-causing carbon locked away permanently in the seafloor each year is removed by this ecosystem. Seagrasses are critical to solving climate change.

Seagrasses are plants that returned to the sea after evolving around 100 million years ago on land. They belong to a family of plants that include grasses, lilies, and palms but are unique in being the only plant species that can live entirely immersed in seawater. Like their relatives, seagrasses have leaves and roots and produce flowers and seeds.

◄ *Chelonia midas*
Green sea turtle | Tortuga verde
Island of Culebra, Puerto Rico, USA | Isla Culebra, Puerto Rico, EUA
JAY FLEMING

FOLLOWING PAGES | PÁGINAS SIGUIENTES
▼ Seagrass beds off of Gracias a Dios, Honduras |
Pastos marinos a orillas de Gracias a Dios, Honduras
CRISTINA MITTERMEIER. NATIONAL GEOGRAPHIC IMAGE COLLECTION

A pesar de que en su mayoría no se pueden ver, los pastos marinos cubren gran parte de las superficies y laderas costeras de baja profundidad, desde los trópicos hasta el Ártico. Al igual que los pastos que se encuentran en la tierra, los pastos marinos pueden formar densas praderas submarinas, algunas tan grandes que se pueden ver desde el espacio. Estas inmensas áreas sirven de hábitat para una comunidad sumamente diversa de animales, desde pequeños camarones hasta grandes peces, cangrejos, tortugas y mamíferos marinos, como los dugongos y las nutrias. Las praderas de pastos marinos son esenciales para las personas de todo el mundo, ya que proporcionan recursos pesqueros, protección a las costas, y mantienen la calidad del agua. Sin embargo, el valor menos conocido de los pastos marinos puede ser el más importante: A pesar de que ocupan menos del 0.2% de la superficie del océano, estos ecosistemas eliminan el 10% del carbono que causa el cambio climático, y que queda secuestrado de forma permanente en el suelo marino. Estos pastos son vitales para la solución al cambio climático.

Los pastos marinos son plantas que regresaron al mar después de haber evolucionado en la tierra hace 100 millones de años. Pertenecen a la familia de plantas que incluye a los pastos terrestres, lirios y palmeras, pero son la única especie de planta que puede vivir completamente sumergida en agua de mar. Al igual que sus parientes, tienen hojas, raíces y producen semillas y flores. Se conocen 72 especies de pastos marinos, con una gran diversidad de hábitats, tamaños y formas; como la zostera marina con sus largas hojas en forma de listón; o la hierba de cuchara, que forma frondosas praderas de baja altura con sus hojas parecidas a una paleta. La especie más alta de pasto marino es a *Zostera caulescens* que crece en Japón y puede llegar a medir hasta

There are 72 known species of seagrass with a great diversity of sizes, shapes, and habitats, ranging from eelgrass, with its long ribbon-like leaves, to spoongrass, with paddle-shaped leaves that form lush, low meadows. The tallest seagrass species—*Zostera caulescens*—has been found to reach seven meters (35 feet) tall in Japan. Like all plants, seagrasses depend on light for photosynthesis; hence, they are most common in shallow depths where sunlight is brightest, but deep-growing seagrass has been found to depths of 58 meters (190 feet).

Seagrasses have been directly used by humans for over 10,000 years. People today still fertilize fields, insulate houses, weave furniture, and thatch roofs with seagrasses. By providing critical habitat, seagrasses support fisheries and biodiversity. Seagrasses also trap and stabilize sediment, which not only maintains water quality but also reduces erosion and buffers coastlines against storms. By providing these benefits, seagrasses are one of the most valuable ecosystems in the world.

Despite their critical importance, seagrasses are highly endangered. While the current global area of seagrasses is between 18 and 60 million hectares, more than five million hectares of seagrass meadows have been lost in the last century. The rates of loss have also increased over that time, from 1% per year prior to 1940 increasing to 7% per year since 1980. Globally, 24% of seagrass species are now classified as threatened or near threatened on the International Union for Conservation of Nature (IUCN) Red List. While seagrasses are impacted by coastal development, poorly-managed fisheries, and aquaculture, the greatest threats to seagrasses around the world are coastal pollution and poor water quality. Loss of seagrasses is now occurring at rates similar to tropical rainforests, coral reefs, and mangroves.

This ongoing and accelerating loss of seagrass globally is a significant contributor to climate change. Seagrass meadows are natural blue carbon sinks and can be more effective at soaking up heat-trapping carbon pollution than forests on land. Seagrasses absorb carbon

◄ *Thalassia testudinum, Syringodium filiforme, Lachnolaimus maximus*
Seagrass bed of turtle grass, manatee grass and hogfish |
Hierba de tortuga, pasto de manatí y boquinete
Lighthouse Reef Atoll, Belize | Atolón del Arrecife del Faro, Belice
DOUG PERRINE

7 metros de altura. Al igual que todas las plantas, los pastos marinos dependen de la luz solar para realizar la fotosíntesis y por esa razón son más comunes en superficies poco profundas donde la luz es más brillante; aunque se han encontrado pastos marinos en profundidades de hasta 58 metros.

Los humanos hemos utilizado pastos marinos directamente por más de 10,000 años. Hoy en día, todavía los usamos para abonar campos, proteger las casas contra el clima, tejer muebles y elaborar techos de paja. Al proporcionar hábitats vitales, los pastos marinos apoyan a la pesca y la biodiversidad. Además, atrapan y estabilizan los sedimentos, lo que no sólo mantiene la calidad del agua, sino que también reduce la erosión y protege las costas de tormentas. Al proporcionar estos beneficios, los pastos marinos se convierten en unos de los ecosistemas más valiosos del mundo.

A pesar de su vital importancia, los pastos marinos están altamente amenazados. En la actualidad existen entre 18 y 60 millones de hectáreas a nivel mundial; sin embargo, más de 5 millones de hectáreas de praderas de pastos marinos se han perdido en el último siglo. Los índices de pérdida también se han elevado durante este tiempo, desde el 1% al año que se tenía antes de 1940, aumentando hasta el 7% anual a partir de 1980. A nivel global, el 24% de las especies de pastos marinos están clasificadas como amenazadas o casi amenazadas en la Lista Roja de la Unión Internacional para la Conservación de la Naturaleza (UICN). A pesar de que los pastos marinos sufren el impacto de los desarrollos costeros y el mal manejo de la industria pesquera y acuícola, sus mayores amenazas a nivel mundial son la contaminación de las costas y la mala calidad del agua. Las tasas de pérdida de las praderas marinas son ahora similares a los de las selvas tropicales, los arrecifes de coral y los manglares.

Esta constante pérdida de pastos marinos va en aumento a nivel mundial y contribuye de manera importante al cambio climático. Las praderas de pastos marinos son sumideros naturales de carbono azul y pueden ser más efectivas que los bosques terrestres para absorber la contaminación del carbono que atrapa el calor. Los pastos marinos absorben el carbono del agua que los rodea, para después enterrarlo en el sedimento del suelo marino durante miles de años. El organismo vivo más antiguo del mundo es el pasto marino mediterráneo *Posidonia oceanica*, con una antigüedad estimada de 200,000 años. Este pasto

Aetobatus narinari ▶
Spotted eagle ray | Chucho pintado
Island of Culebra, Puerto Rico, USA | Isla Culebra, Puerto Rico, EUA
JAY FLEMING

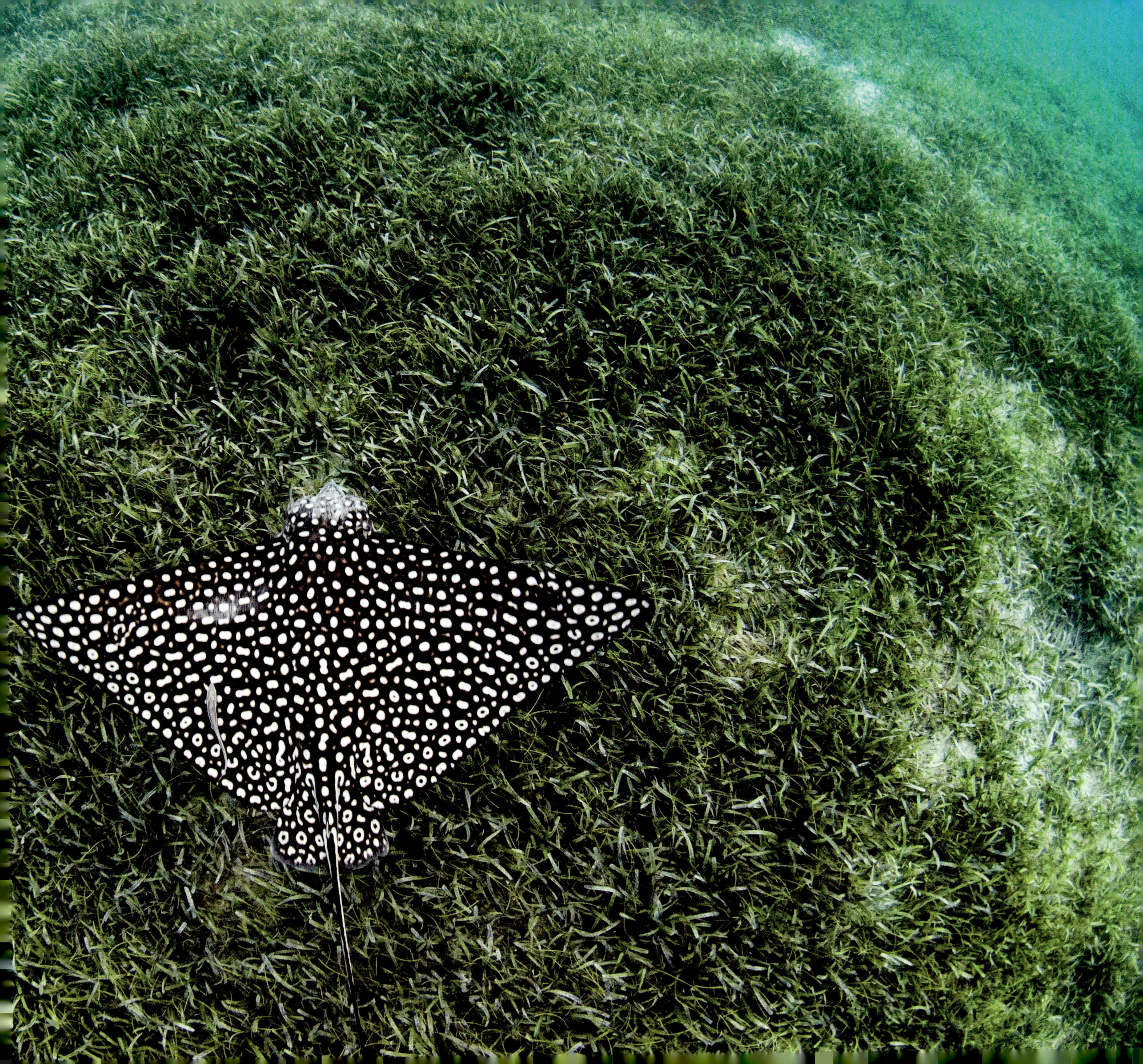

from the ocean water around them and then bury that carbon in the sediment below for up to millennia. The world's oldest living organism is the Mediterranean seagrass *Posidonia oceanica*, estimated to be 200,000 years old and is still today absorbing and depositing carbon into the 11 meters of carbon-rich soil on which it grows. On average, every hectare of seagrass buries 1.4 tons of carbon per year (which globally results in up to 80 million tons per year of carbon—the equivalent of the annual emissions from 60 million cars) captured by seagrasses and kept out of the oceans and atmosphere. Ongoing loss of seagrasses is not only reducing the capacity of this important ecosystem to remove carbon from the atmosphere; the carbon stored in the soil below the seagrasses can be released once the plants that were holding it stable are degraded or removed. Current rates of seagrass loss are potentially releasing 300 million tons of carbon into the oceans and atmosphere every year.

Halting ongoing losses and conserving the world's seagrasses—the flowering plants of the sea—must be a priority for addressing climate change. If we can ensure their future, these remarkable and ancient plants can continue to absorb carbon for the coming centuries while also protecting and nurturing the people and rich biodiversity of the world's coasts.

sigue absorbiendo y depositando carbono en los 11 metros de tierra rica en carbono en la que crece. En promedio, cada hectárea de pasto marino entierra 1.4 toneladas de carbono al año, lo que a nivel global suman casi 80 millones anuales de toneladas de carbono que los pastos marinos mantienen fuera de la atmósfera y de los océanos, y que equivalen a las emisiones anuales de 60 millones de automóviles. Las constantes pérdidas de pastos marinos no sólo están disminuyendo la capacidad que tiene este importante ecosistema para eliminar el carbono de la atmósfera, también la degradación y eliminación de estas plantas está provocando que se libere el carbono que tenían almacenado en el suelo. La tasa actual de pérdida de pastos marinos está liberando potencialmente 300 millones de toneladas de carbono a los océanos y a la atmósfera cada año.

Detener las pérdidas constantes y conservar todos los pastos marinos, que son las plantas florales del mar, debe ser una prioridad al abordar el cambio climático. Si podemos asegurar su futuro, estas antiguas y extraordinarias plantas pueden continuar absorbiendo carbono durante los próximos siglos, mientras protegen y alimentan a las personas y a la rica diversidad de vida que existe en las costas del mundo.

Dugong dugon, Gnathanodon speciosus ▶
Dugong or sea cow and golden trevally |
Dugong o vaca marina y jurel dorado
Calauit Island, off Busuanga, Philippines |
Isla Calauit, costa de Busuanga, Filipinas
DOUG PERRINE

FOLLOWING PAGES | PÁGINAS SIGUIENTES
Myliobatis californica ▼
A bat ray swims through surfgrass and golden kelp |
Raya gavilán nadando entre pastos y sargazo
Cortes Bank, California, USA | Banco de Cortés, California, EUA
BRIAN J. SKERRY. NATIONAL GEOGRAPHIC IMAGE COLLECTION

Conclusion | Conclusión

Shyla Raghav, Cyril F. Kormos, Carlos Manuel Rodríguez,
Russell A. Mittermeier, Brendan Mackey, Wes Sechrest

While climate models may contradict one another and introduce increasing uncertainty on emissions reduction pathways and risks, recent science has made two facts abundantly clear. The first is that humanity must act rapidly and aggressively to avoid the most dangerous impacts of climate change. The Intergovernmental Panel on Climate Change's (IPCC's) Special Report on the impacts of global warming of 1.5 °C above pre-industrial levels outlined a clear case on the scientific, economic, and moral imperative to stabilize the global average temperature at or below 1.5 °C in order to avoid hundreds of trillions of dollars in economic losses, heat extremes in all inhabited parts of the planet, die-off of large parts of the Amazonian rainforest, and millions of climate refugees, among other risks.

What is required to actually limit temperature rise to 1.5 °C is nothing short of radical and transformative. Neither current actions nor current commitments are sufficient to meet that goal. Limiting warming to 1.5 °C is still possible, but requires a global trajectory that achieves peak anthropogenic greenhouse gas emissions by 2020, draws them to net-zero by mid-century, and below zero for multiple decades

PREVIOUS PAGES | PÁGINAS ANTERIORES

▲ Aerial view of mangrove ecosystem, Northeastern Quintana Roo, Mexico | Vista aérea de un ecosistema de manglar, Noreste de Quintana Roo, México
IVÁN GABALDÓN

◄ *Pharomachrus mocinno*
Resplendent quetzal | Quetzál resplandeciente
La Amistad International Park, Panama | Parque Nacional La Amistad, Panamá
ART WOLFE

A pesar de que los modelos climáticos se pueden contradecir unos a otros y provocar más incertidumbre sobre las rutas a seguir para reducir las emisiones y sus riesgos, los estudios más recientes dejan dos puntos muy claros: el primero es que la humanidad debe actuar de manera rápida y agresiva para evitar los efectos del cambio climático más peligrosos. El Panel Intergubernamental de Expertos sobre el Cambio Climático (IPCC) emitió un reporte especial sobre los efectos que tendría el aumento de 1.5 °C sobre los niveles pre-industriales en la temperatura mundial, donde claramente se establece una imperativa necesidad moral, científica y económica de estabilizar el aumento de la temperatura media global a 1.5 °C o menos, para evitar pérdidas económicas equivalentes a cientos de trillones de dólares, además del calor extremo en las zonas pobladas del planeta, la extinción de grandes áreas de la selva amazónica y los millones de refugiados a causa de desastres climatológicos, entre otros riesgos.

Lo que realmente se necesita para limitar el aumento de la temperatura a 1.5 °C es completamente radical y transformador. Ni las acciones, ni los compromisos actuales son suficientes para cumplir este objetivo. Aún es posible limitar el calentamiento a 1.5 °C, pero se requiere una trayectoria global en la que las emisiones antropogénicas de los gases de efecto invernadero (GEI) lleguen a su punto más alto en 2020 y se reduzcan a cero para mediados del siglo, y que permanezcan así durante varias décadas. Llegar a cero a nivel mundial para el 2050 requiere que la humanidad no emita más CO_2 del que la superficie de nuestro planeta pueda reabsorber en los océanos y ecosistemas terrestres. Esto implica que se deben reducir la emisión de los GEI de manera agresiva a nivel mundial en todos los sectores. Los caminos más viables para mantener el aumento en 1.5 °C requieren también del uso

PREVIOUS PAGES | PÁGINAS ANTERIORES

Forestry replacing farming, Schipborg Farm, Drenthe, Netherlands | ▲
Silvicultura reemplazando agricultura, Granja Shipborg, Drenthe, Países Bajos

SIEBE SWART

Mangrove in Kimberley, Western Australia | ►
Manglar en Kimberley, Oeste de Australia

ART WOLFE

thereafter. Globally reaching net-zero by 2050 requires that humanity is not emitting any more CO_2 than the surface of our planet (oceans and terrestrial ecosystems) can reabsorb. This implies that global greenhouse gas emissions from all sectors must be aggressively reduced. Most viable 1.5 °C pathways also require the use of so-called negative emission technologies (NETs) to remove CO_2 from the atmosphere. We do not yet have technologies capable of removing CO_2 from the atmosphere at scale, but must actively pursue them in support of carbon dioxide removals required in future decades.

The second fact, which has been the subject of increasingly clear and comprehensive science, is that natural climate solutions, especially the protection and restoration of forests and other high-carbon ecosystems, can provide 30% or more of the mitigation needed to avoid dangerous climate change. Given the rapid transformations needed across sectors to limit warming to 1.5 °C, ecosystems cannot solve climate change alone. But the roughly 10 gigatons of mitigation that ecosystems can provide represent our best hope in terms of achieving immediate emissions reductions and removals that are both timely and cost effective. The benefits of protecting and restoring ecosystems also go well beyond climate change mitigation and adaptation, ranging from improving livelihoods to generating more and higher quality freshwater to preserving nature's rich biodiversity—critical in its own right, but necessary for food and medicines for human survival. We have many compelling reasons to protect and restore far more of the planet, which is why many conservationists are calling for protecting

◄ *Talassia testudinum*
Healthy Turtle Grass and house on stilts |
Pastos marinos saludables y viviendas en palafito
Guanaja Island, Bay Islands, Honduras |
Isla Guanaja, Islas de la Bahía, Honduras
CLAUDIO CONTRERAS KOOB

FOLLOWING PAGES | PÁGINAS SIGUIENTES
▼ Mangrove and Palo Santo | Manglar y Palo Santo
Turtle Cove, Santa Cruz Island, Galápagos, Ecuador |
Manglar y Palo Santo, Bahía Tortugas, Isla Santa Cruz, Las Galápagos, Ecuador
ART WOLFE

de las llamadas tecnologías de emisiones negativas (NETs, por sus siglas en inglés) para eliminar el CO_2 de la atmósfera. Aún no contamos con tecnologías capaces de eliminar a gran escala el CO_2 de la atmósfera, pero debemos seguir promoviendo activamente su búsqueda para apoyar la necesidad de eliminar el dióxido de carbono durante las próximas décadas.

El segundo punto que ha sido objeto de estudios científicos cada vez más claros y completos es que las soluciones climáticas naturales, especialmente la protección y restauración de los bosques y de otros ecosistemas ricos en carbono, pueden aportar más del 30% de la mitigación requerida para evitar el peligroso cambio climático. Ya que se necesitan transformaciones rápidas en los diferentes sectores para limitar el calentamiento global a 1.5 °C, los ecosistemas no pueden resolver el cambio climático por sí solos. Sin embargo, las casi 10 Gigatoneladas de mitigación que pueden aportar los ecosistemas representan nuestra mejor opción para lograr la inmediata reducción y eliminación de emisiones de manera eficiente en tiempo y costo. Los beneficios de proteger y restaurar los ecosistemas van mucho más allá de la mitigación y la adaptación al cambio climático, ya que pueden incluir el mejorar los medios de subsistencia, generar más y mejor agua potable y preservar la abundante biodiversidad de la naturaleza (crucial por derecho propio, pero también necesaria para producir los alimentos y medicinas que se requieren para la supervivencia humana).

Tenemos muchas razones convincentes para proteger y restaurar partes mucho más grandes de nuestro planeta, por lo que los conservacionistas están haciendo un llamado para proteger por lo menos la mitad del planeta hacia el 2050. Específicamente, el potencial que tienen los ecosistemas naturales de ser una solución climática recae en tres objetivos:

• **Asegurar los ecosistemas climáticamente irremplazables.** Los manglares, las turberas, los bosques primarios, los pastizales y los pastos marinos, que contienen enormes concentraciones de carbono, que de llegar a liberarse serían prácticamente imposibles de restaurar en nuestro tiempo. Estos ecosistemas contienen una alta densidad de carbono y prestan un gran servicio a la humanidad al almacenarlo.

• **Frenar la deforestación y la degradación de los ecosistemas naturales.** Conservar los bosques tropicales y otros ecosistemas ricos en carbono puede evitar emisiones por más de 5 $GtCO_2$ al año. Esto

at least half of the planet by 2050. Specifically, natural ecosystems' potential as a climate solution relies on achieving three goals:

• **Securing climate irreplaceable ecosystems.** Mangroves, peatlands, primary forests, grasslands, and seagrasses contain extraordinary carbon concentrations and, once lost, cannot be completely restored in our lifetimes. These ecosystems have high carbon-density, and by storing this carbon are providing humanity with an incredible service.

• **Curbing deforestation and degradation of natural ecosystems.** Conserving tropical forests and other high-carbon ecosystems can avoid emissions of five or more Gt CO_2/yr. This means shifting towards sustainable, mainly plant-based agriculture that is much more efficient in terms of land and much lower in terms of emissions.

• **Restoration.** Restoring and sustainably managing forests, wetlands, and agricultural lands could remove at least another 5 Gt CO_2/yr of CO_2 from the atmosphere, and remains the only technology available for removing CO_2 at scale. We can and must regrow forests, mangroves, and other ecosystems where they have been cleared, without compromising food security.

Achieving these goals by protecting and restoring natural ecosystems would achieve more than reducing the risk of temperature rise. Natural climate solutions may be the only mitigation option that also builds resilience to climate change impacts. Natural ecosystems and their biodiversity also support human lives, livelihoods, and economies in many ways: providing our water, supporting our food supplies, inspiring us, buffering us from droughts and storms, and enhancing our resilience to climate change.

We know that the prevention of deforestation and ecological restoration of land and seascapes (seagrasses, mangroves) constitutes the largest, low-cost opportunity currently available. But protecting and restoring these ecosystems at the scale required will affect decisions about billions of hectares of Earth's surface. Luckily, decades' worth of lessons from the conservation movement have shown that protecting nature is possible; it involves high-quality scientific analysis, recognition of tenure, strong institutions, indigenous leadership, educating girls and women, respecting rights, and understanding the deep linkages between nature and culture. We know the range of governance mechanisms that are successful in keeping nature conserved. Protected areas work if we resource them adequately, provide them with sufficient

implica un cambio hacia una agricultura sustentable, la cual es más eficiente en cuanto al uso del suelo y mucho menor en emisiones.

• **Restauración.** La restauración y el manejo sustentable de los bosques, humedales y tierras agrícolas podría eliminar por lo menos otras 5 $GtCO_2$ de la atmósfera al año. Esta práctica sigue siendo la única tecnología disponible capaz de eliminar el CO_2 a gran escala. Tenemos la posibilidad y el deber de regenerar los bosques, manglares y otros ecosistemas en los lugares donde han sido eliminados, sin comprometer la seguridad alimentaria.

Si alcanzáramos estas metas para proteger y restaurar los ecosistemas naturales, se lograría mucho más que sólo reducir el riesgo del aumento en la temperatura. Es posible que las soluciones climáticas naturales sean la única opción de mitigación que también genere resiliencia al impacto del cambio climático. Los ecosistemas naturales y su biodiversidad también sustentan la vida humana, los medios de subsistencia y las economías de varias maneras: proporcionándonos agua, soportando el suministro de alimentos, inspirándonos, protegiéndonos de tormentas y sequías, y mejorando nuestra capacidad para adaptarnos al cambio climático.

Sabemos que la prevención de la deforestación y la restauración ecológica de los paisajes terrestres y marinos (pastizales marinos, manglares, etc.) constituyen la oportunidad más grande y menos costosa que tenemos disponible en la actualidad. Sin embargo, proteger y restaurar estos ecosistemas a la escala necesaria afectará las decisiones que se tomen en torno a miles de millones de hectáreas de la superficie terrestre. Por suerte, las enseñanzas que por décadas nos ha dejado el movimiento conservacionista han demostrado que proteger la naturaleza sí es posible. Esto implica contar con análisis científicos de alta calidad, reconocer la tenencia de la tierra, tener instituciones fuertes, liderazgo de los pueblos originarios, la educación de mujeres y niñas, el respeto a los derechos, y el entendimiento del profundo vínculo que existe entre la naturaleza y la cultura. Conocemos los diferentes mecanismos gubernamentales que han tenido éxito en la conservación de la naturaleza. Las áreas protegidas funcionan si se les destinan los

Aspen trees, Utah, USA | Álamos, Utah, EUA ▶
FRANS LANTING

Querencia, Mato Grosso, Brazil | Querencia, Mato Grosso, Brasil ▶
GEORGE STEINMETZ

◂ Coffee plants covered hills near Manizales |
Colinas cubiertas de cafetos cerca de Manizales
Chinchina, Caldas, Colombia | Chinchina, Caldas, Colombia
JESSE KRAFT. ALAMY STOCK PHOTO

funding and management resources, and involve local communities. Payments for ecosystem services can also work, as do privately conserved areas. In all cases, the ingredients are more or less the same: participatory management, recognizing and upholding rights, adequate funding, and rigorous science. Experience suggests that it is possible to deploy natural climate solutions at the necessary levels while ensuring humanity's food supplies and land rights and while maintaining global biodiversity. But to do so, these actions must be designed and implemented to prevent harm to these values, to human rights, or to national sovereignty.

However, despite their potential as a climate solution, only 2% of global climate finance goes towards natural climate solutions and there remains a US$300-400 billion financing gap for global conservation goals. The issue is, therefore, to a very large extent one of political will and finance mobilization. Subsidies for activities that destroy and degrade nature, such as subsidies for agriculture, dwarf amounts spent on conservation by a factor of 40 to 1. Finance for forests, whether through the carbon market or other instrument, simply cannot compete with the opportunity cost. What's more, while financial institutions and investors are adopting policies related to deforestation risk, these policies lack transparency and often are not applied rigorously enough to be effective. If there was any doubt, it is now abundantly clear that rampant and unbridled development that does not consider the value of natural capital is not compatible with protecting primary ecosystems or with restoring degraded ecosystems.

Wilderness is in retreat everywhere. Less than a third of the world's boreal forests, which stretch from Alaska to Quebec, and from Scandinavia to Siberia, are still primary. Commercial logging, specifically, has not proven sustainable anywhere, and in the tropics, where only

◀ *Strix nebulosa*
Great grey owl | Cárabo lapón
Kuhmo, Finland | Kuhmo, Finlandia
STAFFAN WIDSTRAND. WILD WONDERS OF EUROPE

FOLLOWING PAGES | PÁGINAS SIGUIENTES
▼ Ivalo, Lapland, Finland | Ivalo, Laponia, Finlandia
ART WOLFE

recursos adecuados, se les proporcionan fondos y recursos administrativos suficientes y si se involucran las comunidades locales. El pago por servicios ambientales también puede funcionar, al igual que las áreas protegidas por el sector privado. En todos los casos, los elementos son prácticamente los mismos: La gestión participativa, el reconocimiento y la defensa de los derechos, los fondos adecuados y la rigurosidad científica. Las experiencias sugieren que sí es posible implementar soluciones climáticas naturales en los niveles necesarios y al mismo tiempo asegurar los suministros alimentarios y los derechos de la tierra, manteniendo la biodiversidad global. Pero para lograrlo, estas acciones deben estar diseñadas e implementadas de forma que no se dañen estos valores, los derechos humanos, o a la soberanía nacional.

Sin embargo, a pesar de su potencial como solución climática, únicamente el 2% de los fondos climáticos mundiales se destina a las soluciones naturales, y existe todavía una diferencia de entre $300 y $400 mil millones de dólares necesarios para lograr los objetivos globales de conservación. Por lo tanto, el tema es en gran medida un asunto de voluntad política y de asignación de recursos financieros. Los subsidios para las actividades que destruyen y degradan la naturaleza, como las agrícolas, subrepasan en una proporción de 40 a 1 lo que se gasta en conservación. El financiamiento para los bosques a través del mercado del carbono u otros instrumentos, simplemente no puede competir con los costos de oportunidad. Además, a pesar de que las instituciones financieras y los inversionistas están adoptando políticas relacionadas con los riesgos de la deforestación, estas políticas carecen de transparencia y a menudo no se aplican con el suficiente rigor como para ser efectivas. Hoy por hoy no existen dudas de que el desarrollo desenfrenado e ignorante del valor del capital natural es incompatible con la protección de los ecosistemas primarios y con la restauración de los ecosistemas degradados.

La naturaleza está siendo degradada alrededor del mundo. Menos de una tercera parte de los bosques boreales del mundo, los cuales se encuentran desde Alaska hasta Quebec, y desde Escandinavia hasta Siberia, son todavía primarios. Específicamente, la tala comercial de árboles no ha sido sustentable en ningún lugar; y en los trópicos, en donde únicamente una cuarta parte de los bosques aún son bosques primarios, tenemos una cantidad enorme de evidencias que demuestran que no es posible que la tala sea sustentable y económicamente

a quarter of the remaining forests are primary forests, we have overwhelming evidence that it cannot be both sustainable and economically viable. Only 20% of the planet's forests are in Intact Forest Landscapes (IFLs) (contiguous areas of 50,000 ha or more), only 12% of the remaining IFLs are in protected areas, and IFLs have been reduced by 7.2% since 2000 (i.e., by about 90 million hectares or the size of Venezuela), with three times greater losses between 2011-2013 compared to 2000-2003.

Recent years have seen an increase in marine protected areas (MPAs), with 14,841 MPAs now encompassing 2.7 billion hectares (27 million km^2) over 7.47% of the oceans. Further, coastal blue carbon ecosystems—mangroves, seagrasses, and tidal saltmarshes—represent important ecosystems critical to fighting climate change. These ecosystems have high rates of carbon sequestration, and undisturbed, will continue to act as long-term carbon sinks for millennia. However, two of the most serious threats to marine biodiversity are ocean acidification and overheating caused by the CO_2 emissions from fossil fuels and land use change. Eliminating these two perils mandates collapsing these sources to zero within decades. Regulations and finance that value the full range of benefits of natural capital are needed to correct the significant imbalance between incentives for the destruction of nature and its protection.

Our source of hope lies in the growing awareness of the urgency to act. The adoption of the Paris Agreement in 2015 provided a renewed sense of hope and optimism for the multilateral process, and the ability of countries to cooperate on addressing the causes of climate change and building resilience to its impacts. With the commitment-setting and implementation decisions devolved to the national level, the primary challenge with the Paris Agreement will be in the extent to which countries are incentivized by the UN process and pushed by their citizens to rise to the top rather than race to the bottom. In addition to the UNFCCC, after decades of missed conservation targets in the Convention for Biological Diversity (CBD), we are starting to see growing signs of willingness from the global conservation community to consider much more ambitious conservation targets, though there too it will require a concerted effort to maintain them and exceed the necessary ambition. There is a growing realization that climate change and biodiversity conservation are converging around several common

viable al mismo tiempo. Únicamente 20% de los bosques del planeta son considerados como paisajes de bosque intacto (PBI). Sólo 12% de estos bosques intactos se encuentran dentro de áreas protegidas, y éstos se han reducido en un 7.2% desde el año 2000 (es decir, casi 90 millones de hectáreas, o un territorio del tamaño de Venezuela), con el triple de pérdidas durante el 2011-2013, comparadas con el periodo del 2000-2003.

Los últimos años han visto un aumento en las áreas marinas protegidas (AMP), y ahora existen 14,841 que cubren 2.7 mil millones de hectáreas (27 millones km^2), en el 7.47% de los océanos. Además, los ecosistemas costeros de carbono azul —manglares, pastizales marinos y marismas salobres— representan importantes ecosistemas, cruciales en la lucha contra el cambio climático. Estos ecosistemas tienen altos índices de retención de carbono que, si se mantienen intactos, continuarán actuando como reservas de carbono durante miles de años. No obstante, dos de las amenazas más serias para la biodiversidad marina son la acidificación y el sobrecalentamiento del agua, causadas por las emisiones de CO_2 que generan los combustibles fósiles y los cambios de uso del suelo. Para eliminar estos dos riesgos es imperativo reducir estas fuentes a cero en cuestión de décadas. Es necesario contar con las normas y el financiamiento que le den valor a la amplia gama de beneficios que proporciona el capital natural, para corregir el desequilibrio tan importante que existe entre los incentivos para la destrucción de la naturaleza y los asignados a la protección de la misma.

Nuestra esperanza recae en la creciente conciencia sobre la urgente necesidad de actuar. La implementación del Tratado de Paris en el 2015, generó una renovada sensación de esperanza y optimismo en

Alces alces ▶
Large bull moose | Un gran alce macho
Denali National Park, Alaska, USA |
Parque Nacional Denali, Alaska, EUA
ART WOLFE

FOLLOWING PAGES | PÁGINAS SIGUIENTES
Odobenus rosmarus ▼
Walruses | Morsas
Svalbard, Norway | Svalbard, Noruega
FRANS LANTING

objectives. Understanding the biodiversity and climate change crises holistically, as fundamentally interconnected, may provide a catalyst. As both crises accelerate, we are wasting precious time to implement the solutions we already have available. By 2020, both the CBD and the UNFCCC will have the policy architecture in place for the next decade. New targets will be in place in the CBD, the UNFCCC will have a new "rule book" to guide implementation of the Paris Agreement, and new pledges will be made by governments in their revised commitments under the Paris Agreement (nationally determined contributions or "NDCs"). This may be our last best chance to solve both problems together.

In order to fulfill the global goals set by the Paris Agreement, governments will need to develop the policy frameworks and regulations that can incentivize and signal the required shifts to scale up natural climate solutions. This may include implementing carbon taxes or pricing that can generate revenue for forest protection or restoration, increasing protection of high-carbon ecosystems, and setting goals for land restoration with the necessary action plans.

Further, given that nearly 25% of all carbon stored on land is under the management of indigenous people and local communities (IPLCs), we know that indigenous stewardship and community conservation initiatives also make a massive contribution to conservation globally and include some of the best-protected places on the planet. Generally, deforestation rates are lower on IPLC-managed land. A significant opportunity for protecting natural ecosystems is, therefore, in ensuring the IPLCs have secure land tenure and access to long-term financing.

◄ Community of Kavewa Island start a mangrove planting activity with freshly picked mangrove propagules. | Comunidad en la isla de Kavewa reforestando el manglar con propágulos recién recolectados
JÜRGEN FREUND

FOLLOWING PAGES | PÁGINAS SIGUIENTES
▼ *Lama guanicoe*
Guanacos | Guanacos
Torres del Paine, Chile | Torres del Paine, Chile
ART WOLFE

el proceso multilateral y en la capacidad que tienen los países para cooperar en el manejo de las causas del cambio climático, y construir la resiliencia ante los efectos del mismo.

Una vez que se hayan establecido los compromisos e implementado las decisiones que se delegaron a las naciones, el reto principal para el Tratado de Paris estará en el grado en que los países se sientan incentivados por el proceso de la ONU y en la presión que ejerzan sus ciudadanos para llegar a la cima, en lugar de caer hasta el fondo. Además de establecer la Convención Marco de las Naciones Unidas para el Cambio Climático (CMNUCC), y después de varias décadas de no lograr los objetivos fijados por el Convenio sobre la Diversidad Biológica (CDB), empezamos a ver señales de la comunidad internacional sobre su creciente disposición a considerar objetivos más ambiciosos, aunque esto también implicará un esfuerzo coordinado para mantener y superar este nuevo empeño. Cada vez es más aceptado que el cambio climático y la conservación de la biodiversidad convergen en varios objetivos comunes. Entender la crisis de la biodiversidad y el cambio climático de forma integral, sabiendo que están fundamentalmente interconectadas puede funcionar como catalizador. Mientras ambas crisis se aceleran, estamos perdiendo tiempo valioso para implementar las soluciones que ya tenemos disponibles. Para el 2020, tanto el CDB como la CMNUCC habrán establecido la arquitectura de las políticas para las próximas décadas. Se habrán fijado nuevos objetivos en el CDB; la CMNUCC tendrá una nueva guía para la implementación del Tratado de Paris; y los gobiernos establecerán nuevos acuerdos basados en la revisión de los compromisos del Tratado de Paris (Contribuciones Determinadas a Nivel Nacional, o NDCs, por sus siglas en inglés). Esta puede ser nuestra última oportunidad para resolver los dos problemas de manera conjunta.

Para poder cumplir con las metas globales que establece el Acuerdo de Paris, los gobiernos tendrán que desarrollar normativas y marcos políticos que puedan incentivar y señalar los cambios que se necesitan para escalar las soluciones climáticas naturales. Esto podría incluir fijar precios o implementar impuestos sobre el carbono para poder generar ingresos que se aplicarían en la protección y la restauración de los bosques, aumentando así la protección de los ecosistemas ricos en carbono y estableciendo objetivos para la restauración de la tierra con los planes de acción necesarios.

Securing the necessary level of finance is a key barrier looking ahead. Climate finance must not only come from philanthropic and public sources, but also from the private sector. Climate change was responsible for US$320 billion in losses in 2017, affecting communities, companies, and governments alike. These losses, which are projected to increase under a business-as-usual scenario, could not only be prevented but actually lead to clear gains; action on climate change today could yield a direct economic gain of US$26 trillion through to 2030. Mobilizing the needed finance means that governments, lawmakers, investors, and companies must recognize that investing in the solutions to climate change is their best "insurance policy" against future losses and can also have a multitude of short-term gains. For example, land restoration employed over 120,000 people in the United States in 2014—more than steel production or coal mining combined.

Rapid action is also critical to avoid runaway climate change and the tipping point for a "hothouse Earth." For example, increased temperature rise would likely lead to the release of hundreds of billions of tons of greenhouse gases from permafrost. Failing to accomplish these positive global actions will burden future generations with recurring economic, ecological and social catastrophes. It will also lock in the need for an incommensurately large number of costly NETs required to simply clean up the carbon debt that our delayed and insufficient actions will burden future generations. Further delay in taking these actions also raises the probability of triggering tipping points in major ecosystems worldwide, releasing hundreds of billion tons of carbon emissions, while reducing the effectiveness or viability of some NET options like ecological restoration.

Herein lies the fundamental issue of intergenerational equity inherent to acting on climate change: with the information we have today and the resources at our disposal, it's our moral imperative to act on climate change and ecosystem loss for the sake of those most adversely affected today and for future generations to come.

The global community is increasingly moving in a direction that will make acting on climate change inevitable—a prosperous opportunity in which our growth and advancement as a society does not come at the expense of the planet that sustains us. Realizing the massive potential of natural climate solutions will require breakthroughs to align many sectors of society toward meeting this collective challenge and

Además, ya que casi el 25% de todo el carbono almacenado en la tierra está sujeto a la gestión de los pueblos originarios y las comunidades locales (IPCLs, por sus siglas en inglés), sabemos que la custodia indígena y las iniciativas comunitarias para la conservación contribuyen enormemente al proyecto global, e incluyen algunas de las zonas mejor protegidas del planeta. Generalmente, las tasas de deforestación son menores en las tierras custodiadas por los IPCLs. Por lo tanto, garantizar que estas comunidades mantengan la titularidad de sus tierras y tengan acceso a financiamiento a largo plazo, representa una importante oportunidad para proteger los ecosistemas naturales.

Asegurar los niveles necesarios de financiamiento será uno de los obstáculos principales en el futuro. El financiamiento climático no debe provenir únicamente de fuentes filantrópicas y públicas, sino que también del sector privado. En 2017, el cambio climático fue el causante de pérdidas económicas por $320 mil millones de dólares, que afectaron por igual manera a gobiernos, comunidades y empresas. Se pronostica que estas pérdidas se incrementen si la situación actual persiste. Sin embargo, no sólo se pueden prevenir las pérdidas, sino que hacerlo podría conducir a la generación de beneficios. Las acciones que se apliquen en la actualidad para mitigar el cambio climático podrían generar ganancias económicas directas de hasta $26 billones de dólares para el 2030. Movilizar estos fondos tan necesarios significa que los gobiernos, legisladores, inversionistas y empresas deberán reconocer que invertir en las soluciones para el cambio climático es su mejor "póliza de seguros" contra pérdidas futuras, que además podría conllevar a muchos otros beneficios a corto plazo. Por ejemplo, la restauración de la tierra empleó a más de 120,000 personas en los Estados Unidos en el 2014. Este es un número mayor de empleos de los que la producción de acero y la minería de carbón generaron de manera conjunta.

PREVIOUS PAGES | PÁGINAS ANTERIORES

Tunicate Cove, Belize | Cala Tunicate, Belice ▲

TIM LAMAN

Great Bear rainforest, British Columbia, Canada | ▶
Bosque el Gran Oso, Columbia Británica, Canadá

PAUL NICKLEN. NATIONAL GEOGRAPHIC IMAGE COLLECTION

La rápida acción también es crítica para evitar el cambio climático descontrolado y llegar al punto de inflexión que nos lleve a un "mundo invernadero". Por ejemplo, el aumento de temperatura probablemente causaría que el permafrost libere cientos de miles de billones de toneladas de GEI. El no cumplir con estos objetivos globales positivos se convertiría en una carga para las futuras generaciones que tendían que enfrentar recurrentes catástrofes económicas, ecológicas y sociales. Forzosamente, también se necesitaría un número inconmensurablemente alto de costosas NETs para "simplemente" sanear la deuda de carbono que nuestras acciones tardías e insuficientes dejarían a las generaciones futuras. Retrasar por más tiempo la implementación de estas medidas aumenta también la probabilidad de desencadenar puntos de inflexión en algunos de los principales ecosistemas a nivel mundial, liberando cientos de miles de millones de toneladas de emisiones de carbono y disminuyendo al mismo tiempo la efectividad o viabilidad de algunas de las opciones disponibles de NETs, tales como la restauración ecológica.

Aquí yace la cuestión fundamental inherente a la responsabilidad equitativa que tenemos todas las generaciones, de tomar acciones sobre el cambio climático: con la información que existe hoy en día y los recursos que tenemos a nuestra disposición, es nuestra responsabilidad moral actuar en contra del cambio climático y de la pérdida de ecosistemas, por el bien de los más afectados en la actualidad y el de las próximas generaciones.

La comunidad global se dirige cada vez más hacia un rumbo que hará que actuar contra el cambio climático sea inevitable, una oportunidad próspera en la que nuestro crecimiento y desarrollo como

PREVIOUS PAGES | PÁGINAS ANTERIORES

▲ Vast expanses of orangutan habitat have been lost to palm oil plantations, West Kalimantan Province, Borneo, Indonesia |
Grandes áreas del habitat del orangután han sido sustituidas por plantaciones de palma aceitera, Provincia Oeste de Kalimantán, Borneo, Indonesia

TIM LAMAN

◄ Terraced rice paddies | Cultivo de arroz en terrazas
Central Madagascar | Centro de Madagascar

FRANS LANTING

opportunity. It must be done in coordination with efforts on energy, agriculture, technology, and transportation, among others. Not only must our response to climate change embrace the value of nature, but it must also adapt our food system to feed growing populations without exploiting more land, and it must build an inclusive and just energy system on which humanity is sustained.

Acting on climate change and deploying nature as a solution to climate change is our pathway to not only survive, but thrive.

We are on the cusp of a global movement.

sociedad no se logre a costa del planeta que nos mantiene. Para capitalizar el enorme potencial que tienen las soluciones climáticas naturales, se necesitan innovaciones que puedan colocar a todos los diferentes sectores de la sociedad en la misma ruta, hacia el logro de esta oportunidad y la superación de este reto común. Es necesario coordinar los esfuerzos de los sectores de energía, agricultura, tecnología y transporte, entre otros. Nuestra respuesta al cambio climático no solo debe tomar en cuenta el valor de la naturaleza, sino que debe incluir un cambio en el sistema alimentario que permita dar de comer a la creciente población sin la necesidad de una mayor explotación de las tierras y construir un sistema de energía incluyente y justo que sustente a la humanidad.

Nuestro camino es hacer frente al cambio climático y utilizar a la naturaleza como una solución a este cambio, no solo para sobrevivir sino también para prosperar.

Estamos en la antesala de un movimiento mundial.

Rhizophora mangle ▶
Red mangrove, Magdalena Bay, Baja California Sur, Mexico |
Mangle rojo, Bahia Magdalena, Baja California Sur, México
CLAUDIO CONTRERAS KOOB

◄ Essequibo River, Iwokrama, Rupununi, Guyana |
Río Essequibo, Iwokrama, Rupununi, Guyana
PETE OXFORD

FOLLOWING PAGES | PÁGINAS SIGUIENTES
▼ Herds on the steppe, Mongolia |
Rebaños en las estepas, Mongolia
ART WOLFE

PAGES 266-267 | PÁGINAS 266-267
▼ Redwood National Park, California, USA |
Parque Nacional Redwood, California, EUA
ART WOLFE

References | Referencias

Introduction | Introducción

Anderson, K. and G. Peters. "The trouble with negative emissions." *Science.* 354:6309, 182-183 DOI: 10.1126/science.aah4567 (2016).

Asner, G. P. *et al.* "Mapped aboveground carbon stocks to advance forest conservation and recovery in Malaysian Borneo." *Biol. Cons.* 217289–310 (2018).

Booth, M. S. "Not carbon neutral: Assessing the net emissions impact of residues burned for bioenergy. *Environmental Research Letters*, 13 (3), 035001 (2018).

Böttcher, H. *et al. Forest Vision Germany*. Öko-Institut e.V., Berlin. <https://www.greenpeace.de/files/publications/20180228-greenpeaceoekoinstitut-forest-vision-methods-results.pdf> (2018).

Boysen, L. R. *et al.* "The limits to global-warming mitigation by terrestrial carbon removal." *Earth's Future*, 5 (5), 463–474. <http://doi.wiley.com/10.1002/2016EF000469> (2017).

Bradshaw, C.J.A. and I.G. Warkentin. "Global estimates of boreal forest carbon stocks and flux." *Global and Planetary Change* 128, 24-30. <http://dx.doi.org/10.1016/j.gloplacha.2015.02.004> (2015).

Ceballos, G. *et al.* "Accelerated modern human–induced species losses: Entering the sixth mass extinction." *Sci. Adv.* 1:e1400253 (2015).

Ceballos, G. *et al.* "R. Biological annihilation via the ongoing sixth mass extinction signaled by vertebrate population losses and declines." *PNAS*, E6089–E6096. <www.pnas.org/cgi/doi/10.1073/pnas.1704949114> (2017).

DeCicco, J. M. and W.H. Schlesinger. "Reconsidering bioenergy given the urgency of climate protection." *PNAS*, 115 (39), 9642–9645. <http://www.pnas.org/lookup/doi/10.1073/pnas.1814120115> (2018).

DellaSala, D. L. *"Real" vs. "Fake" Forests: Why Tree Plantations are Not Forests, in Encyclopedia of the World's Biomes*. UK: Elservier (2019).

Dooley, K. *et al. Missing Pathways to 1.5°C: The role of the land sector in ambitious climate action. Climate Land Ambition and Rights Alliance.* <https://www.climatelandambitionrightsalliance.org/report> (2018).

FAO. *The State of World Fisheries and Aquaculture 2018 - Meeting the sustainable development goals.* Rome. Licence: CC BY-NC-SA 3.0 IGO, 2018.

Gibson, L. *et al.* "Primary forests are irreplaceable for sustaining tropical biodiversity." *Nature* 478:378-381 (2011).

Hawken, P. *Drawdown: The Most Comprehensive Plan Ever Proposed to Reverse Global Warming.* USA: Penguin. <https://www.drawdown.org/the-book> (2017).

Heck, V. *et al.* "Biomass-based negative emissions difficult to reconcile with planetary boundaries." *Nature Climate Change*, 8 (2), 151–155. <http://www.nature.com/articles/s41558-017-0064-y> (2018).

Houghton, R.A. "Balancing the global carbon budget." *Annual Review of Earth and Planetary Sciences.* 35, 313–347 (2007).

Ibisch, P.L. *et al.* "A global map of roadless areas and their conservation status." *Science* 354 (6318), 1423-1427 doi:10.1126/science.aaf7166 (2016).

IPBES. *The IPBES assessment report on land degradation and restoration.*

IPCC, Climate Change 2013: *The Physical Science Basis. Contribution of Working Group I to the Fifth Assessment Report of the Intergovernmental Panel on Climate Change*, Stocker, T.F., D. Qin, G.-K. Plattner, M. Tignor, S.K. Allen, J. Boschung, A. Nauels, Y. Xia, V. Bex and P.M. Midgley (eds.), Cambridge University Press, Cambridge, United Kingdom and New York, NY, USA, 1535 pp. (2013).

IPCC, *Summary for Policymakers. In: Global Warming of 1.5°C. An IPCC Special Report on the impacts of global warming of 1.5°C above pre-industrial levels and related global greenhouse gas emission pathways, in the context of strengthening the global response to the threat of climate change, sustainable*

development, and efforts to eradicate poverty, Masson-Delmotte, V., P. Zhai, H.-O. Pörtner, D. Roberts, J. Skea, P.R. Shukla, A. Pirani, W. Moufouma-Okia, C. Péan, R. Pidcock, S. Connors, J.B.R. Matthews, Y. Chen, X. Zhou, M.I. Gomis, E. Lonnoy, T. Maycock, M. Tignor, and T. Waterfield (eds.). World Meteorological Organization, Geneva, Switzerland, 32 pp. (2018).

IUCN. *The IUCN Red List of Threatened Species*. Version 2017-3]. <http://www.iucnredlist.org/> (2017).

Jones, K.R. *et al.* "The Location and Protection Status of Earth's Diminishing Marine Wilderness." *Current Biology*, 28, 1–7. <https://doi.org/10.1016/j.cub.2018.06.010> (2018).

Lindenmayer, D. B. and Sato, C. "Hidden collapse is driven by fire and logging in a socioecological forest ecosystem." *PNAS*. 115 (20), 5181–5186. <http://www.pnas.org/lookup/doi/10.1073/pnas.1721738115> (2018).

Lister, B.C. and Garcia, A. "Climate-driven declines in arthropod abundance restructure a rainforest food web." *PNAS* 115: 44, E10397–E10406. <https://www.pnas.org/content/115/44/E10397> (2019).

Mackey, B. *et al.* "Policy Options for the World's Primary Forests in Multilateral Environmental Agreements." Cons. *Let. doi*: 10.1111/conl.12120 (2014).

McCauley, D. J., M. L. Pinsky, S. R. Palumbi, J. A. Estes, F. H. Joyce. and R. R. Warner. "Marine defaunation: Animal loss in the global ocean." *Science* 347:1255641 (2015).

Mercer, B. *Tropical Forests: A Review.* The Prince's Charities, International Sustainability Unit. 145 pp. (2015).

Montanarella, L., R. Scholes, and A. Brainich (eds.). Secretariat of the Intergovernmental Science-Policy Platform on Biodiversity and Ecosystem Services, Bonn, Germany. 744 pp. (2018).

Pan. Y. *et al.* "A Large and Persistent Carbon Sink in the World's Forests." *Science*, 333: 988-993 doi: 10.1126/science.1201609 (2011).

Rainforest Foundation Norway. *Approaching the Point of No Return: Progression towards saving the world's last remaining tropical forests through enhanced ambition in the Nationally Determined Contributions*. Rainforest Foundation Norway, 34 pp. (2018).

Rights and Resources Initiative. *A Global Baseline of Carbon Storage in Collective Lands: Indigenous and local community contributions to climate action.* Washington, DC. <https://rightsandresources.org/en/publication/globalcarbonbaseline2018/#.XHyYGohKj1J> (2018).

Roxburgh, S. H. *et al.* "Assessing the carbon sequestration potential of managed forests: a case study from temperate Australia." *Journal of Applied Ecology*, 43 (6), 1149–1159. <http://doi.wiley.com/10.1111/j.1365-2664.2006.01221.x> (2006).

Thompson I. *et al. Forest resilience, biodiversity, and climate change. A synthesis of the biodiversity/resilience/stability relationship in forest ecosystems.* Secretariat of the Convention on Biological Diversity, Montreal. Technical Series no. 43 (2009).

WWF, *Living Planet Report - 2018: Aiming Higher*. Grooten, M. and Almond, R.E.A.(eds). WWF, Gland, Switzerland (2018).

Grasslands | Pastizales

Dass, P., B.Z. Houlton, Y. Wang, and D. Warlind. "Grasslands may be more reliable carbon sinks than forests in California." *Environmental Research Letters* 13: 074027 (2018).

Fargione, Joseph E. *et al.* "Natural climate solutions for the United States." *Science Advances* 4: east1869 (2018).

Grace, J., J. San José, P. Meir, H.S. Miranda, and R.A. Montes. "Productivity and carbon fluxes of tropical savannas." *Journal of Biogeography* 33: 387-400 (2006).

Hungate, B.A., E.A. Holland, R.B Jackson, F.S. Chapin, H.A. Mooney, and C.B. Field. "The fate of carbon in grasslands under carbon dioxide enrichment." *Nature* 388: 576–579 (1997).

Popkin, G. "The forest question." *Nature* 565: 280-282 (2019).

Scharlemann, J.P.W., E.V.J. Tanner, R. Hiederer, and V. Kapos. "Global soil carbon: understanding and managing the largest terrestrial carbon pool." *Carbon Management* 5: 81-91 (2014).

Veldman, J. W., G. E. Overbeck, D. Negreiros, G. Mahy, S. Le Stradic, G. W. Fernandes, G. Durigan, E. Buisson, F. E. Putz, and W. J. Bond. "Where tree planting and forest expansion are bad for biodiversity and ecosystem services." *BioScience* 65: 1011–1018 (2015).

Peatlands | Turberas

Dargie, Greta C., Ian T. Lawson, Tim J. Rayden, Lera Miles, Edward T. A. Mitchard, Susan E. Page, Yannick E. Bocko, Suspense A. Ifo, and Simon L. Lewis. "Congo Basin peatlands: threats and conservation priorities." *Mitig Adapt Strateg Glob Change*, 24:669–686. <https://doi.org/10.1007/s11027-017-9774-8> (2019).

Hergoualc'h, K., Carmenta, R., Atmadja, S., Martius, C., Murdiyarso, D., and Purnomo, H. *Managing peatlands in Indonesia, Challenges and opportunities for local and global communities*. Center for International Forestry Research (CIFOR). <https://www.cifor.org/library/6449/> (2018).

Hooijer, A., Page, S.E., Canadell, J.G., Silvius, M., Kwadijk, J., Wösten, H., Jauhiainen, J. "Current and future CO_2 emissions from drained peatlands

in Southeast Asia." *Biogeosciences 7* (5), 1505e1514 (2010). Joosten, H. *The Global Peatland CO_2 Picture: peatland status and drainage related emissions in all countries of the world*. Wetlands International. <https://www.wetlands.org/publications/the-global-peatland-co2-picture/> (2010).

Leng, L.Y., O.H. Ahmed, and M.B. Jalloh. "Brief review on climate change and tropical peatlands." *Geoscience Frontiers* 10:373-380. Amsterdam, NL: Elsevier. <http://www.elsevier.com/locate/gsf> (2019).

Murdiyarso, D., R.M. Roman-Cuesta, L. Verchot, M. Herold, T. Gumbricht, N. Herold, and C. Martius, *New map reveals more peat in the tropics*. Center for International Forestry Research (CIFOR). <https://www.cifor.org/library/6452/> (2017).

Osaki, M. and N. Tsuji (eds.). *Tropical Peatland Ecosystems*, Tokyo, Japan: Springer (2016).

Rudiyanto *et al.* "Open digital mapping as a cost-effective method for mapping peat thickness and assessing the carbon stock of tropical peatlands." *Geoderma* DOI: 10.1016/j.geoderma.2017.10.018 (2017).

Wijedasa, L.S., S. Sloan, S.E. Page, G.R. Clements, M. Lupascu, and T.A. Evans. "Carbon emissions from South-East Asian peatlands will increase despite emission-reduction schemes." *Global Change Biology*, 24:4598–4613, John Wiley & Sons Ltd. <http://wileyonlinelibrary.com/journal/gcb> (2018).

Permafrost | Permafrost

Anthony, K.W., T.S. von Deimling, I. Nitze *et al.* "21st-century modeled permafrost carbon emissions accelerated by abrupt thaw beneath lakes." *Nature Communications*, 9:3262, DOI: 10.1038/ s41467-018-05738-9. <http://www.nature.com/naturecommunications> (2018).

Burke, E.J., S.E. Chadburn, C. Huntingford, and C.D. Jones. "CO_2 loss by permafrost thawing implies additional emissions reductions to limit warming to 1.5 or 2°C." *Environmental Research Letters*, 024024. <https://doi.org/10.1088/1748-9326/aaa138> (2018).

Evans, K. "For Every 1°C of Warming, A Part of the Permafrost the Size of India Will Melt." IFL Science, April 11, 2017. <https://www.iflscience.com/environment/for-every-1c-of-warming-a-partof-the-permafrost-the-size-of-india-will-melt/all/> (2017).

Langer, M. *et al.* "Rapid degradation of permafrost underneath waterbodies in tundra landscapes—toward a representation of thermokarst in land surface models." *JGR Earth Surf.* 121, 2446–2470 (2016).

McGuire, A. D., D.M. Lawrence, C. Koven *et al. Dependence of the evolution of carbon dynamics in the northern permafrost region on the trajectory of climate change.* Proceedings of the National Academy of Sciences USA. <http://www.pnas.org/cgi/doi/10.1073/pnas.1719903115> (2018).

Schuur, E. A. G. *et al.* "Climate change and the permafrost carbon Feedback." *Nature* 520, 171–179 (2015).

Oceans | Océanos

IPCC. *Climate Change 2013: The Physical Science Basis. Contribution of Working Group I to the Fifth Assessment Report of the Intergovernmental Panel on Climate Change* [Stocker, T.F., D. Qin, G.-K. Plattner, M. Tignor, S.K. Allen, J. Boschung, A. Nauels, Y. Xia, V. Bex and P.M. Midgley (eds.)]. Cambridge University Press, Cambridge, United Kingdom and New York, NY, USA (2013).

Reid, P. C., A. C. Fischer, E. Lewis-Brown, M. P. Meredith, M. Sparrow, A. J. Andersson, A. Antia, N. R. Bates, U. Bathmann, G. Beaugrand, H. Brix, S. Dye, M. Edwards, T. Furevik, R. Gangstø, H. Hátún, R. R. Hopcroft, M. Kendall, S. Kasten, R. Keeling, C. Le Quéré, F. T. Mackenzie, G. Malin, C. Mauritzen, J. Ólafsson, C. Paull, E. Rignot, K. Shimada, M. Vogt, C. Wallace, Z. Wang, and R. Washington. "Chapter 1 Impacts of the oceans on climate change." Pages 1-150. *Advances in Marine Biology.* Academic Press (2009).

USGCRP. Second State of the Carbon Cycle Report (SOCCR2): *A Sustained Assessment Report* [Cavallaro, N., G. Shrestha, R. Birdsey, M. A. Mayes, R. G. Najjar, S. C. Reed, P. Romero-Lankao, and Z. Zhu (eds.)]. U.S. Global Change Research Program, Washington, DC, USA, 878 pp. <https://doi.org/10.7930/SOCCR2> (2018).

Mangroves, seagrasses, and tidal saltmarshes | Manglares, pastos marinos y marismas salobres

Howard, J., A. Sutton-Grier, D. Herr, J. Kleypas, E. Landis, E. Mcleod, E. Pidgeon, and S. Simpson. "Clarifying the role of coastal and marine systems in climate mitigation." *Frontiers in Ecology and the Environment* 15:42-50 (2017).

McLeod, E., G. L. Chmura, S. Bouillon, R. Salm, M. Bjork, C. M. Duarte, C. E. Lovelock, W. H. Schlesinger, and B. R. Silliman. "A blueprint for blue carbon: toward an improved understanding of the role of vegetated coastal habitats in sequestering CO_2." *Frontiers in Ecology and the Environment* 9:552-560 (2011).

Pendleton, L., D. C. Donato, B. C. Murray, S. Crooks, W. A. Jenkins, S. Sifleet, C. Craft, J. W. Fourqurean, J. B. Kauffman, N. Marba, P. Megonigal, E. Pidgeon, D. Herr, D. Gordon, and A. Baldera. "Estimating global 'blue carbon' emissions from conversion and degradation of vegetated coastal ecosystems." *PLoS One* 7:7 (2012).

Windham-Myers, L., S. Crooks, and T. G. Troxler (eds.). *A Blue Carbon Primer. The state of coastal wetland carbon science, practice, and policy*. CRC Press, Boca Raton, FL (2019).

Conclusion | Conclusión

Climate Policy Initiative. *Global climate finance: an updated view 2018.* <https://climatepolicyinitiative.org/wp-content/uploads/2018/11/Global-Climate-Finance-An-Updated-View-2018.pdf> (2018).

Convention on Biological Diversity. *Full report of the expert team on a full assessment of the funds needed for the implementation of the convention and its protocols for the seventh replenishment of the global environment facility.* <https://www.cbd.int/doc/meetings/cop/cop-13/information/cop-13- inf-16-en.pdf> (2016).

Griscom *et al. Natural climate solutions*. Proceedings of the National Academy of Sciences (USA), 114 (44) 11645-11650; DOI:10.1073/pnas.1710465114 (2017).

IPCC. *Summary for Policymakers. In: Global Warming of 1.5°C. An IPCC Special Report on the impacts of global warming of 1.5°C above pre-industrial levels and related global greenhouse gas emission pathways, in the context of strengthening the global response to the threat of climate change, sustainable development, and efforts to eradicate poverty* [Masson-Delmotte, V., P. Zhai, H.-O. Pörtner, D. Roberts, J. Skea, P.R. Shukla, A. Pirani, W. Moufouma-Okia, C. Péan, R. Pidcock, S. Connors, J.B.R. Matthews, Y. Chen, X. Zhou, M.I. Gomis, E. Lonnoy, Maycock, M. Tignor, and T. Waterfield (eds.)]. World Meteorological Organization, Geneva, Switzerland, 32 pp. (2018).

Smith, A. "2018's billion-dollar disasters in context." <https://www.climate.gov/news-features/blogs/beyond-data/2018sbillion-dollar-disasters-context> (2019).

Steffen, W., Rockström, J., Richardson, K., Lenton, T.M., Folke, C., Liverman, D., Summerhayes, C.P., Barnosky, A.D, Cornell, S.E., Crucifix, M., Donges, J.F., Fetzer, I., Lade, S.J., Scheffer, M., Winkelmann, R., and Schellnhuber, H.J. *Trajectories of the earth system in the anthropocene*. Proceedings of the National Academy of Sciences (USA). DOI:10.1073/pnas.1810141115 (2018).

The New Climate Economy. *Unlocking the inclusive growth story of the 21st century: accelerating climate action in urgent times.* <https://newclimateeconomy.report/2018/> (2018).

PAGE 268 | PÁGINA 268
Macrocystis pyrifera ▲
Giant kelp detail with floats | Detalle de sargazo gigante con aerocitos
Catalina Island, California, USA | Isla Catalina, California, EUA
TIM LAMAN

Hippotragus niger ▶
Sable antelopes | Antilopes sable
Okavango Delta, Botswana | Delta del Okavango, Botswana
FRANS LANTING

About the Authors | Acerca de los Autores

Cyril F. Kormos is Founder and Executive Director of Wild Heritage (https://wild-heritage.org), which he launched in 2018. Wild Heritage focuses on protecting the planet's remaining primary forests and on wilderness conservation, including leveraging the World Heritage Convention to help protect the planet's last great wilderness areas. Cyril also serves as IUCN-WCPA Vice-Chair for World Heritage, chairs the IUCN-WCPA World Heritage Network, and serves on IUCN's World Heritage Panel.

Cyril F. Kormos es Fundador y Director Ejecutivo de Wild Heritage (https://wild-heritage.org), organización que fundó en 2018. Wild Heritage está dedicada a proteger los bosques primarios que quedan en el planeta y a la conservación de la vida silvestre apoyándose en la Convención del Patrimonio Mundial, para ayudar a proteger las últimas zonas de vida silvestre del planeta. Cyril también tiene el cargo de Vicepresidente de la UICN-WCPA (Unión Internacional para la Conservación de la Naturaleza-Comisión Mundial para las Áreas Protegidas) para World Heritage, dirige la World Heritage Network de la UICN-WCPA y es parte del Panel de World Heritage de la UICN.

Brendan Mackey is a Professor at Griffith University, Queensland, Australia and Director of the Griffith Climate Change Response Program. Brendan has a PhD in plant ecology from The Australian National University and has authored over 200 academic publications. He has undertaken research into forest science and policy issues in tropical, temperate, and boreal biomes with a focus on the role of forests in biodiversity conservation, climate mitigation, and ecosystem-based adaptation.

Brendan Mackey es Profesor en la Universidad Griffith, en Queensland, Australia, y Director del Programa de Respuesta al Cambio Climático de Griffith. Brendan tiene un doctorado en Ecología Vegetal por la Australian National University y es autor de más de 200 publicaciones académicas. Ha llevado a cabo investigaciones en ciencias forestales y políticas sobre biomas templados y boreales enfocadas al papel que tienen los bosques en la conservación de la biodiversidad, la mitigación del clima, y la adaptación basada en ecosistemas.

Russell A. Mittermeier, PhD, is Chief Conservation Officer of Global Wildlife Conservation. Prior to his current position, he was President of Conservation International for 25 years. He is also a long-time member of the IUCN Species Survival Commission (SSC) Steering Committee and also serves as Chair of SSC's Primate Specialist Group. An expert on primates, reptiles, and tropical forest biodiversity, Mittermeier has traveled to 170 countries and carried out fieldwork in more than 30, with a strong focus on Brazil, the Guianas, and Madagascar. He is the author of more than 40 books anc more than 700 scientific and popular publications.

Russell A. Mittermeier, Dr., es Jefe de Conservación de Global Wildlife Conservation. Previamente, fungió como Presidente de Conservation International durante 25 años. Ha sido parte del Comité Directivo de la Comisión para la Supervivencia de Especies (SSC) de la UICN por muchos años, y ahora también se desempeña como Director del Grupo de Especialistas en Primates de la SSC. Como experto en primates, reptiles, y biodiversidad de los bosques tropicales, Mittermeier ha viajado a 170 países y desempeñando trabajo de campo en más de 30, enfocándose principalmente en Brasil, las Guyanas y Madagascar. Es autor de más de 40 libros y más de 700 publicaciones científicas de divulgación.

Shyla Raghav is Climate Change Lead at Conservation International, where she drives strategy secure and maximize nature's potential as a climate solution. Shyla has worked at the World Bank, Adaptation Fund, United Nations Development Programme, United Nations Framework Convention on Climate Change, and has expertise in international climate policy. Shyla studied applied ecology and international relations at the University of California, Irvine and earned her master's degree in environmental management from Yale University.

Carlos Manuel Rodríguez is the Minister of Environment and Energy of the Government of Costa Rica. In 1995, he was appointed Director of Costa Rica's National Parks System, and from 1998–2000 and 2002–2006 was the Minister of Environment. In 2006, he joined Conservation International, first as Vice President for Mexico and Central America and then as Vice President for International Policy. He is an environmental lawyer and an expert on international biodiversity and climate negotiations, environmental policy, biodiversity finance, payments for environmental services, renewable energy, and protected areas management.

Wes Sechrest, PhD, is Chief Scientist, CEO, and Founder of Global Wildlife Conservation (GWC). He leads GWC's efforts to explore, document, and protect the world's most endangered species and ecosystems, in partnership with local individuals, communities, and organizations. He serves on the Board of Directors of Bat Conservation International, on the Global Council of the Amphibian Survival Alliance, on the Board of Trustees of the Haiti National Trust, and is Adjunct Faculty in the Department of Wildlife and Fisheries Sciences at Texas A&M University.

Brian Niranjan Sheth is the Board Chair of Global Wildlife Conservation. A first generation Indian American from Massachusetts, he is cofounder and President of Vista Equity Partners. His breakthrough strategies foster operational excellence and measurable impact in business and philanthropic programs that support the resilience and wellbeing for all life on Earth. Sheth was listed on the Forbes 40 under 40 list in 2015, and he is among the world's leading philanthropists for biodiversity conservation.

Shyla Raghav es Líder en Cambio Climático dentro de Conservation International, donde promueve estrategias para maximizar el potencial de la naturaleza como solución climática. Shyla ha trabajado para El Banco Mundial; Adaptation Fund; Programa de las Naciones Unidas para el Desarrollo; Convención Marco para el Cambio Climático de las Naciones Unidas, y es experta en políticas internacionales sobre el clima. Shyla estudió Ecología Aplicada y Relaciones Internacionales en la Universidad de California en Irvine, y obtuvo su maestría en Gestión Ambiental de la Universidad de Yale.

Carlos Manuel Rodríguez es el actual Ministro del Ambiente, Energía y Minas del Gobierno de Costa Rica. En 1995 fue nombrado Director del Sistema de Parques Nacionales de Costa Rica y ha fungido como Ministro del Ambiente de 1998 a 2000 y de 2002 a 2006. En 2006 se incorporó a Conservation International, primero como Vicepresidente para México y Centroamérica y luego como Vicepresidente de Política Internacional. Es abogado ambientalista experto en biodiversidad internacional y negociaciones climáticas; políticas ambientales; financiamiento a la biodiversidad; pagos por servicios ambientales; energía renovable, y en gestión de áreas protegidas.

Wes Sechrest, Dr., es Científico en Jefe, CEO, y fundador de Global Wildlife Conservarion (GWC). Encabeza los esfuerzos de la GWC para explorar, documentar, y proteger las especies y ecosistemas más amenazados del mundo en conjunto con las personas, comunidades y organizaciones locales. Participa en la Junta Directiva de Bat Conservation International, en el Consejo Global de la Amphibian Survival Alliance, en el Consejo Directivo del Haiti National Trust, y es Profesor Adjunto en el Departamento de Ciencias de la Vida Silvestre y Pesquerías de la Universidad Texas A&M.

Brian Niranjan Sheth preside la Junta Directiva de Global Wildlife Conservation. Primera generación indo-americana de Masachusetts, es cofundador y Presidente de Vista Equity Partners. Sus innovadoras estrategias fomentan la excelencia operativa y los efectos cuantificables en programas filantrópicos y de negocios en favor de la resiliencia y del bienestar para todos los seres vivientes sobre la Tierra. Listado en "Los 40 Menores de 40". de Forbes de 2015, Sheth se encuentra entre los filántropos líderes de las causas de la biodiversidad y la conservación a nivel mundial.

Contributing Authors | Autores Participantes

María Claudia Díazgranados
Conservation International Foundation – Colombia, Bogotá, Colombia

Jennifer Howard, PhD
Center for Oceans, Conservation International, Arlington, Virginia, USA

Robert Nasi
CIFOR Jl. Raya Center for International Forestry Research (CIFOR), Jawa Barat, Indonesia

Reed F. Noss, PhD
President, Florida Institute for Conservation Science, Oviedo, Florida, USA

Emily Pidgeon, PhD
Center for Oceans, Conservation International, Arlington, Virginia, USA

Jorge Ramos, PhD
Center for Oceans, Conservation International, Arlington, Virginia, USA

Michael P. Totten
CEO, AssetsforLife.net

Joseph W. Veldman
Department of Ecosystem Science and Management, Texas A&M University, College Station, Texas, USA

Nature's Solutions to Climate Change
By Cyril F. Kormos, Shyla Raghav, Carlos Manuel Rodríguez, Russell A. Mittermeier, Brendan Mackey, and Wes Sechrest.

Published by Earth in Focus, Inc.
200 First Ave W, #101
Qualicum Beach, British Columbia
Canada V9K 2J3

ISBN: 978-0-9947872-4-8

Series editor: Cristina Mittermeier
Book design: Judith Mazari Hiriart
Text editor: Cynthia Haynes
Spanish translator: Cynthia Ann Trejo Boffy
Text editor for the Spanish version: Francisco Malagamba
Photo research, editing and color management: Pablo Esteva

PRINTED IN CHINA THROUGH GLOBALINKPRINTING.COM

cemexnature.com
twitter.com/CEMEXNature
facebook.com/CEMEXNature
instagram.com/CEMEXNature

PAGE 277 | PÁGINA 277

▲ *Eucalyptus regnans*
Fallen swamp gum | Gomero gigante caído
Mount Field National Park, Tasmania | Parque Nacional Mount Field, Tasmania
BILL HATCHER. NATIONAL GEOGRAPHIC IMAGE COLLECTION

◄ *Hyperolius marmoratus*
Painted reed frog on Lily pad | Rana de árbol sobre lirio acuático
Okavango Delta, Ngamiland, Botswana |
Delta Okavango, Ngamiland, Botswana
ART WOLFE

Soluciones de la Naturaleza al Cambio Climático
Por Cyril F. Kormos, Shyla Raghav, Carlos Manuel Rodríguez, Russell A. Mittermeier, Brendan Mackey y Wes Sechrest.

Publicado por Earth in Focus, Inc.
200 First Ave W, #101
Qualicum Beach, British Columbia
Canada V9K 2J3

ISBN: 978-0-9947872-4-8

Editor de serie: Cristina Mittermeier
Diseño del libro: Judith Mazari Hiriart
Editora de texto: Cynthia Haynes
Traducción al español: Cynthia Ann Trejo Boffy
Editor de textos de la versión en español: Francisco Malagamba
Selección de imágenes, edición y color digital: Pablo Esteva

IMPRESO EN CHINA A TRAVÉS DE GLOBALINKPRINTING.COM

Printed on FSC® certified paper
Impreso en papel certificado FSC®

Megaptera novaeangliae
Humpback whale | Ballena jorobada
Antarctic Peninsula | Península Antártica
CRISTINA MITTERMEIER. NATIONAL GEOGRAPHIC IMAGE COLLECTION